Karin Eder

Häkelträume für Weihnachten

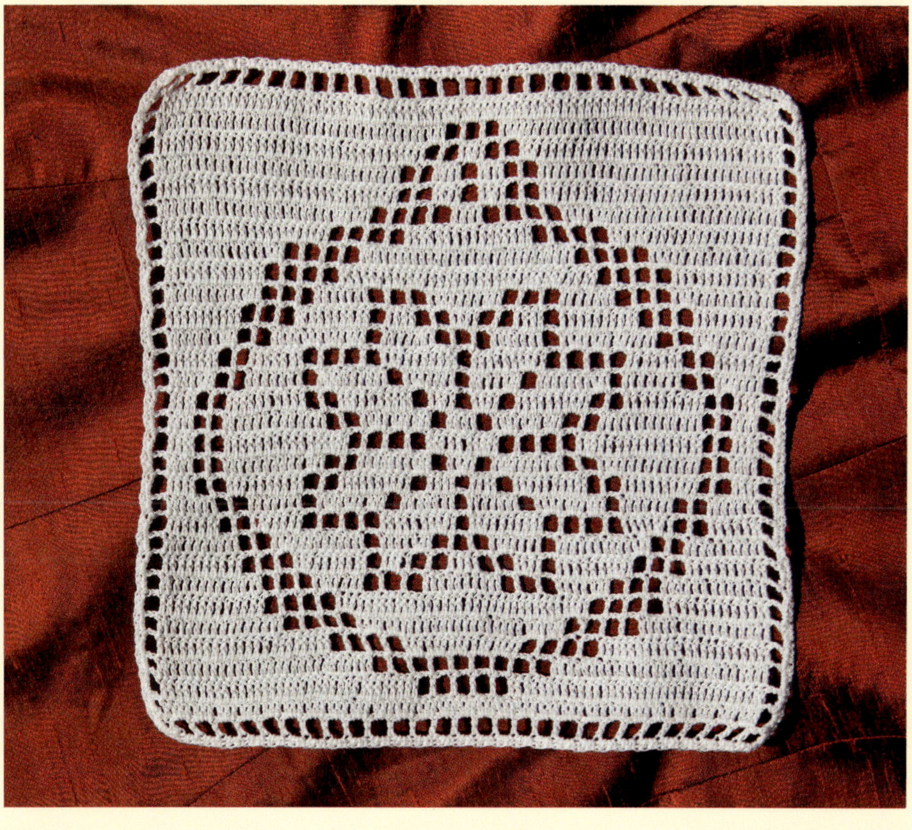

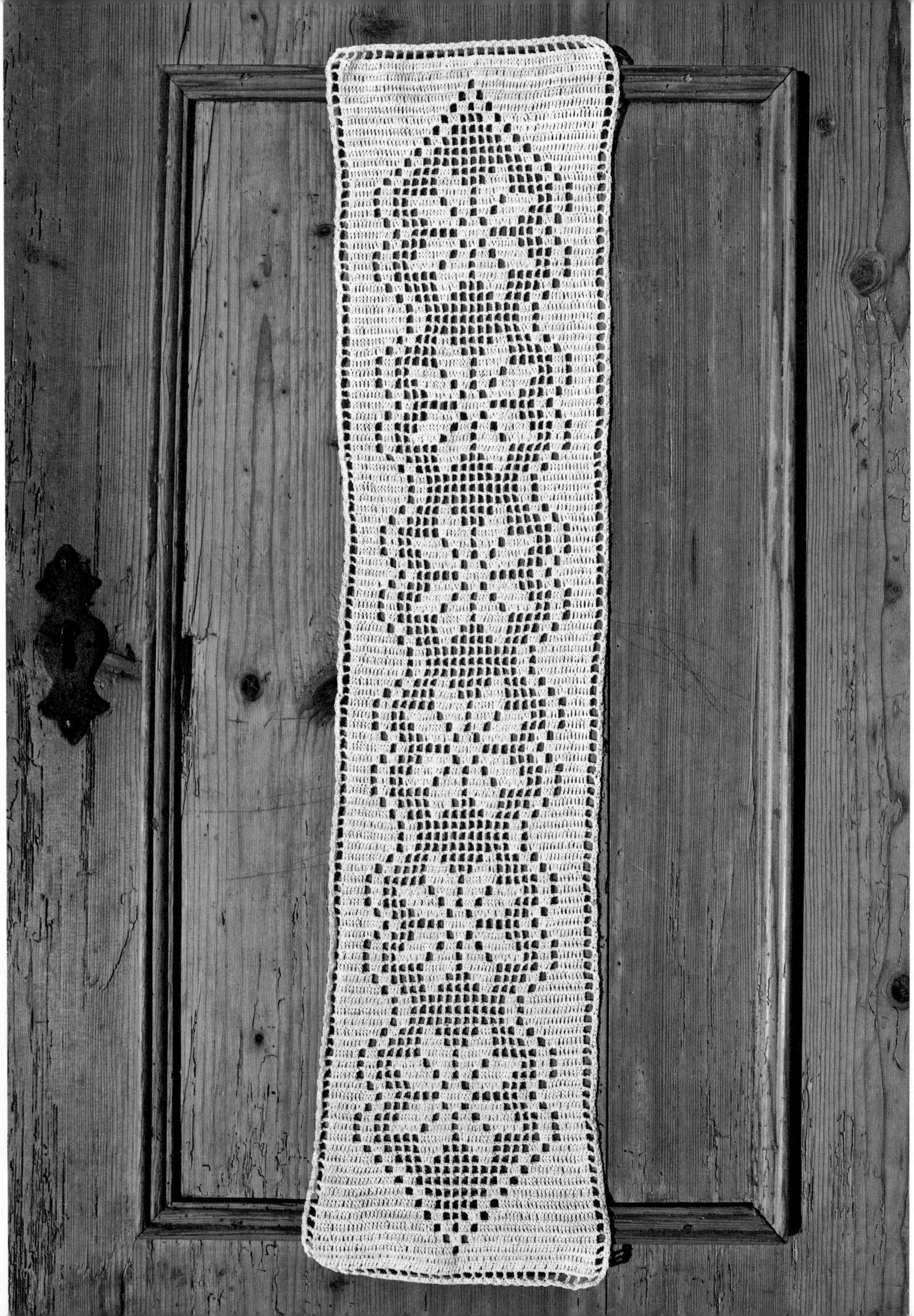

Karin Eder

Häkelträume für Weihnachten

rosenheimer

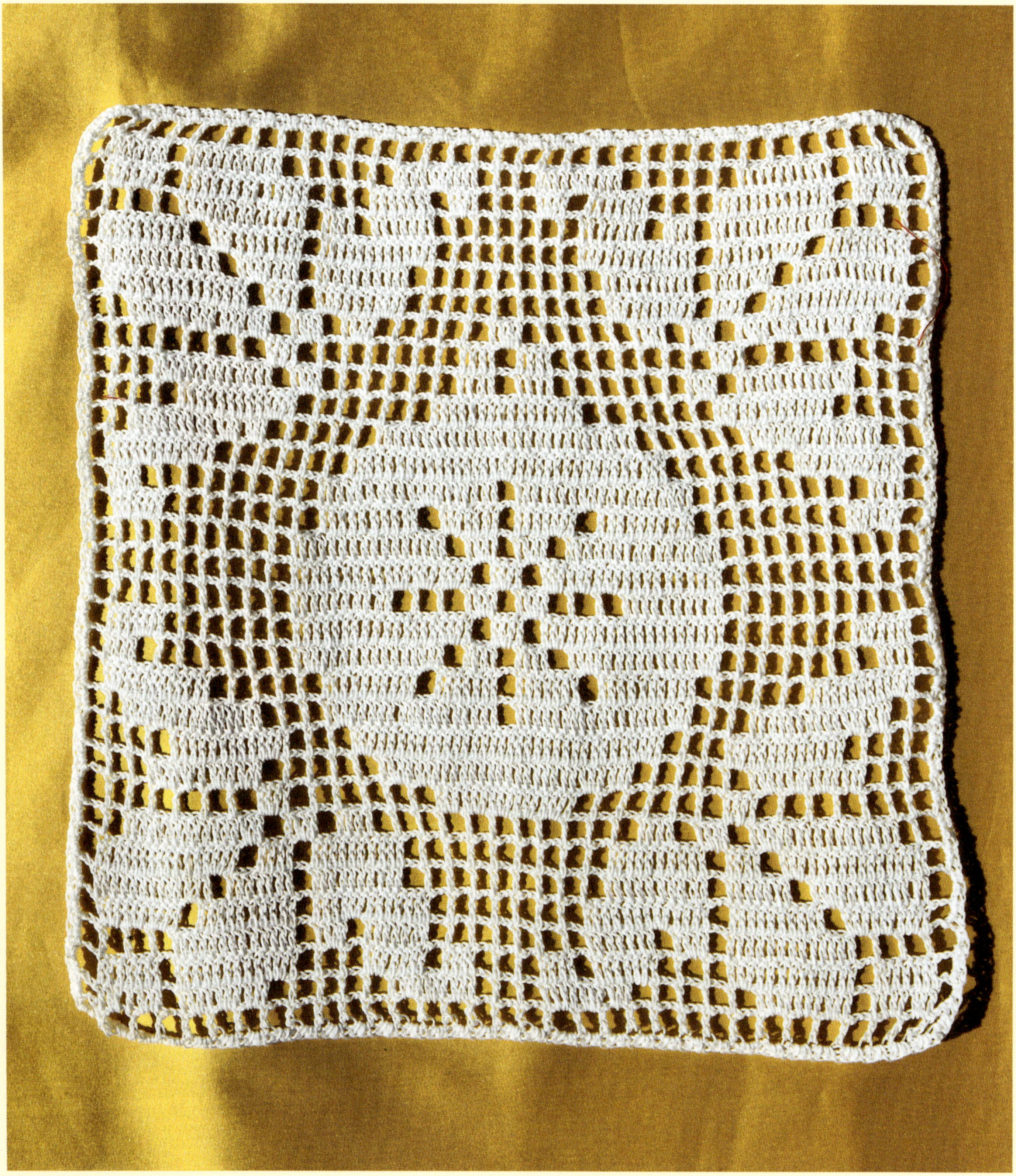

Inhalt

Grundkurs 6

Süßer die Glocken nie klingen 10

Es wird ein Stern aufgehen 18

Am Weihnachtsbaum die Lichter brennen 34

Heilige Nacht ... 38

Der Christbaum ist der schönste Baum 50

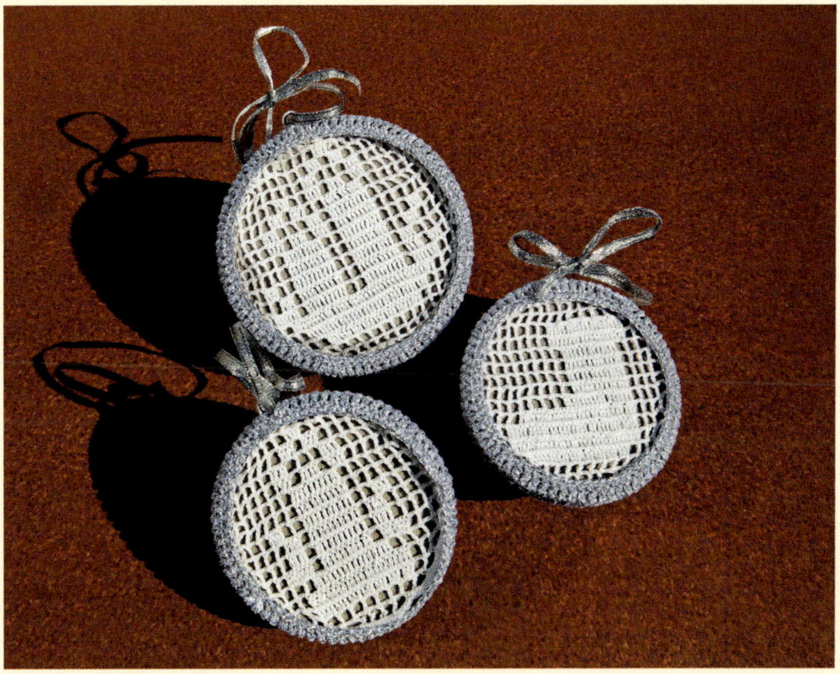

Die Zählmuster

Als Vorlage für die Filethäkelei dienen Zählmuster, bestehend aus einem Karomuster. Die schwarzen Karos stehen für die gefüllten Kästchen, die weißen für die leeren. Eine Kästchenreihe entspricht also einer Häkelreihe. Die Hinreihen sind von rechts nach links, die Rückreihen von links nach rechts zu lesen. Am besten legen Sie sich ein Lineal auf das Zählmuster, dann wissen Sie immer, welche Reihe sie gerade häkeln. Wird das Muster quer gehäkelt, drehen Sie das Zählmuster um 90 Grad nach links und beginnen rechts unten. Hochkant bedeutet, dass das Muster wie das Beispiel unten stehen bleibt und der Länge nach gehäkelt wird. Begonnen wird dabei links oder rechts.

Im Beispiel unten häkeln Sie in der ersten Reihe elf Kästchen (von rechts nach links), in der zweiten Reihe häkeln Sie fünf leere Kästchen, ein gefülltes Kästchen und wieder fünf leere Kästchen (von links nach rechts). In der dritten Reihe häkeln Sie wieder von rechts nach links vier leere Kästchen, drei gefüllte Kästchen und wieder vier leere Kästchen. Und so weiter, bis Reihe zehn mit elf leeren Kästchen. Bei manchen Mustern wiederholen sich einzelne Motive, man bezeichnet das als Mustersatz. In unserem Beispiel wäre das Herz also ein Mustersatz.

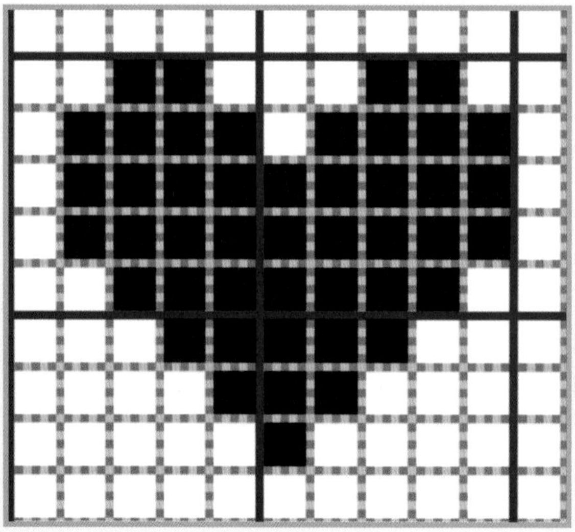

Der Häkelbeginn

Für jedes Kästchen im Zählmuster drei Luftmaschen anschlagen, plus eine zusätzliche Luftmasche am Reihenende.

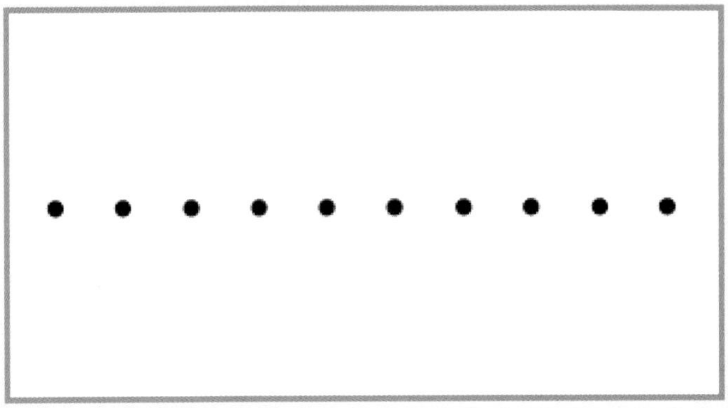

Nun häkeln Sie in Reihen hin und her. Die erste Reihe wird auf die Luftmaschenkette gesetzt. Sie stechen für die Stäbchen der ersten Reihe also in die Luftmaschen ein. Nach jeder Reihe wird gewendet. Dafür werden drei Wende-Luftmaschen gehäkelt, um das erste Stäbchen der neuen Reihe zu ersetzen.

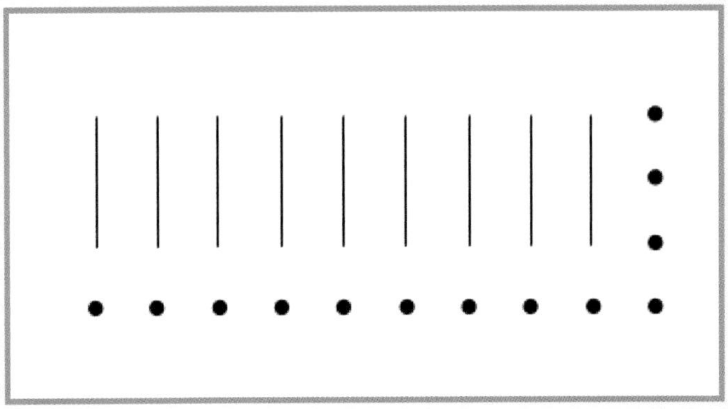

Die Filethäkelei

Die einfache und ungeheuer vielseitige Häkeltechnik der Filethäkelei basiert auf dem Prinzip der gefüllten und leeren Kästchen. Die gefüllten Kästchen bilden das Muster, die leeren Kästchen den Hintergrund. Ein leeres Kästchen besteht aus einem Stäbchen und zwei Luftmaschen, ein gefülltes aus drei Stäbchen. Beim gefüllten Kästchen werden also statt der Luftmaschen zwei Stäbchen gehäkelt, die in die Maschen der Vorreihe eingestochen werden. Beim leeren Kästchen überspringen Sie mit den beiden Luftmaschen zwei Maschen der Vorreihe und stechen mit dem nächsten Stäbchen erst in die dritte Masche ein.

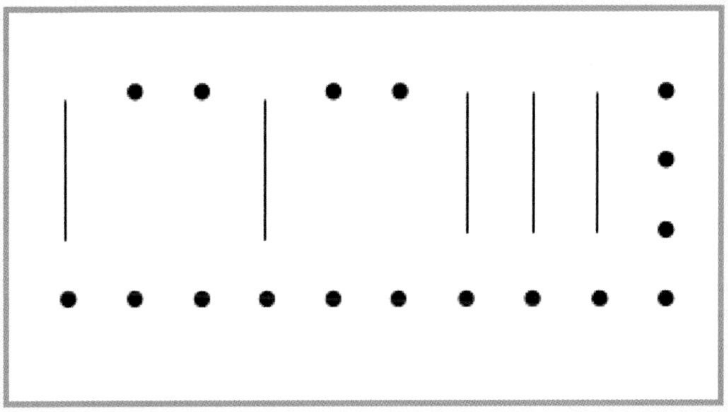

Für jedes Karo schlagen Sie 3 Luftmaschen an und eine zusätzliche am Außenrand der Arbeit (1 Kästchen braucht 4 Maschen, 2 Kästchen brauchen 7 Maschen, 3 Kästchen brauchen 10 Maschen und so weiter). Es empfiehlt sich, die fertige Arbeit mit festen Maschen zu umhäkeln. Bei den gezeigten Modellen sind es an geraden Kanten 2 feste Maschen, 1 Luftmasche pro Kästchen, bei stufigem Rand wurden 5 feste Maschen gearbeitet. Sie können die Zahl gegebenenfalls Ihrer individuellen Arbeit anpassen.

Zu- und Abnehmen beim Filethäkeln

Die Spitzen oder Zacken am unteren Rand von Häkelgardinen entstehen durch das Zu- oder Abnehmen von gefüllten Kästchen am Reihenanfang oder -ende.

Für das Zunehmen am Reihenanfang wird die entsprechende Anzahl von Luftmaschen angeschlagen und in der Rückreihe mit Stäbchen behäkelt.

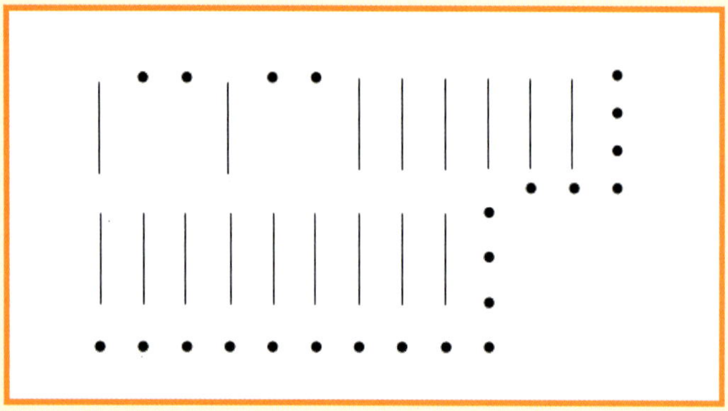

Zum Abnehmen am Reihenanfang werden Kettmaschen gehäkelt. Eine Wende-Luftmasche häkeln, dann in jede Luftmasche beziehungsweise jedes Stäbchen der Vorreihe eine Kettmasche häkeln, bis Sie zum Ausgangspunkt der nächsten Reihe gelangen.

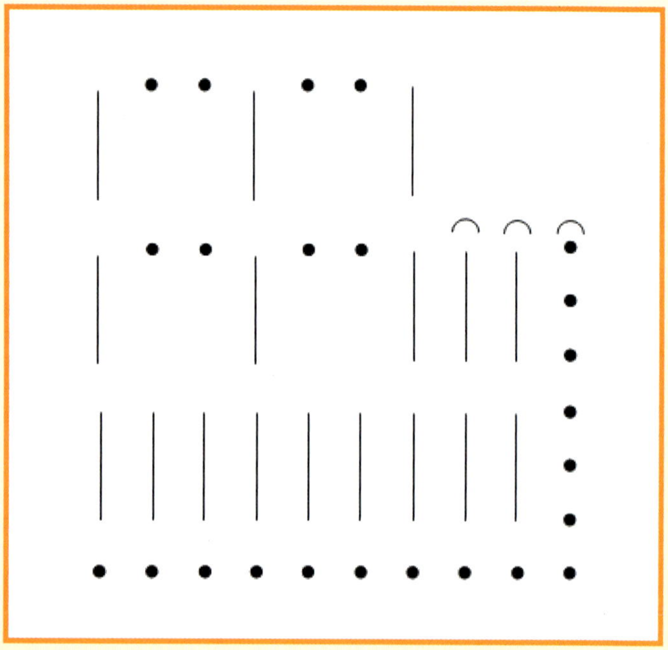

Beim Abnehmen am Reihenende bleiben die Kästchen einfach unbehäkelt stehen.

Das Spannen

Nach dem Abschluss der Häkelei und dem Vernähen der Fäden muss die Häkelgardine noch gespannt werden. Dafür legen Sie die Gardine auf eine weiche Unterlage (zum Beispiel eine Matratze oder einen Teppich) und stecken sie mit nicht rostenden Stecknadeln fest. Jeder Bogen und jede Zacke am Rand muss gut ausgespannt werden. Nun besprühen Sie die Häkelarbeit mit Wasser und eventuell mit Wäschestärke und lassen sie völlig trocknen, bevor Sie sie wieder abnehmen.

Die Gardinen haben oft einen Rand aus gefüllten Kästchen, damit sie leichter gespannt werden können und gut ihre Form behalten.

Die Muster in diesem Buch

Die gezeigten Modelle, ausgenommen der Baumschmuck und die Kissen, sind aus Baumwollgarn Stärke 10 gearbeitet, Lauflänge ca. 280 Meter pro 50 Gramm, Häkelnadel 1.50, je nach Wunsch oder wenn die Arbeit zu fest oder zu locker ausfällt, kann auch eine 1.75 oder 1.25 verwendet werden.

Weihnachtsglöckchen

Dieses Mitteldeckchen ist ein Blickfang auf dem festlich gedeckten Tisch und sorgt mit seinem Glockenmuster für das richtige weihnachtliche Flair.

Material

100 Gramm Häkelgarn Stärke 10

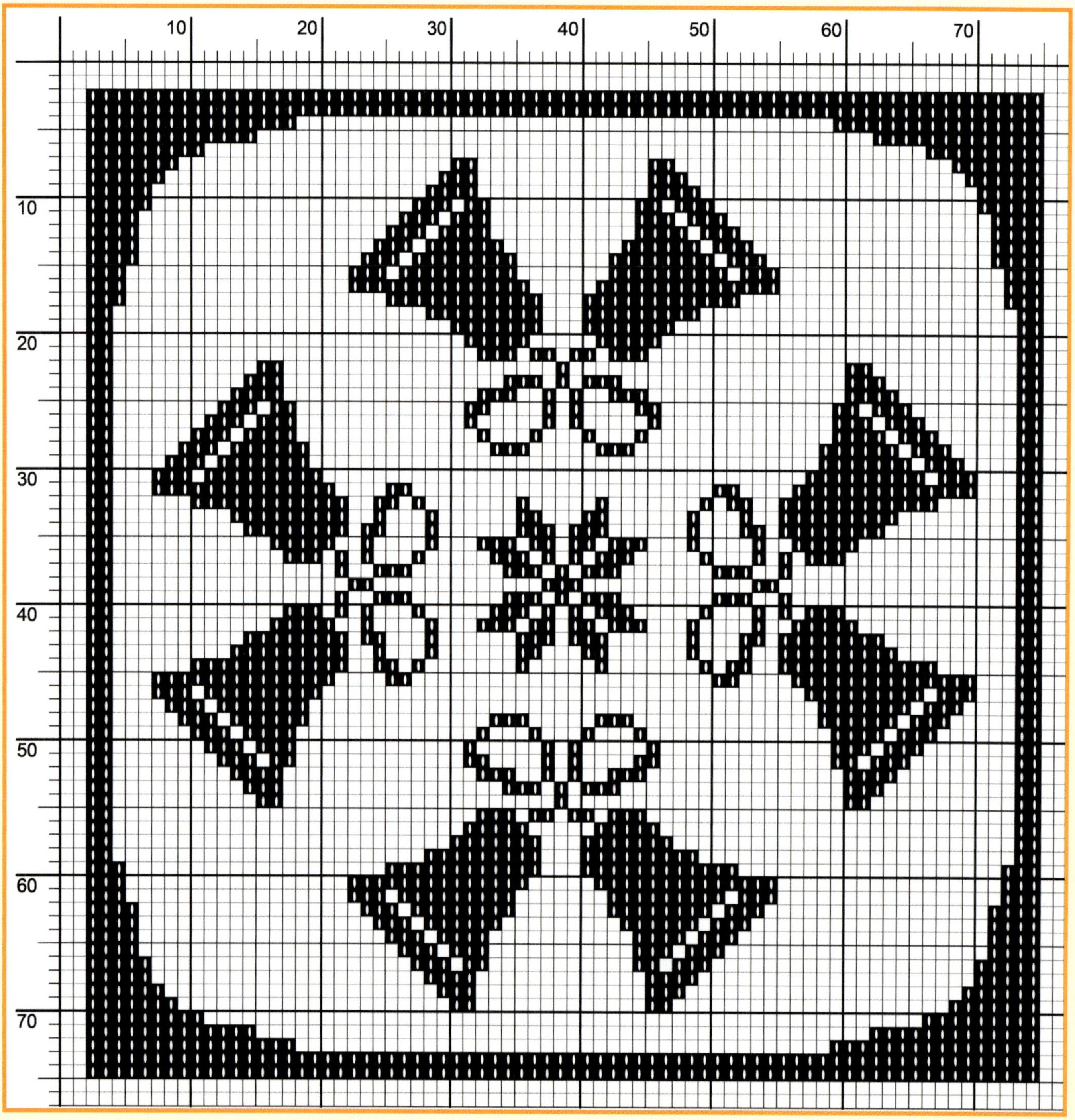

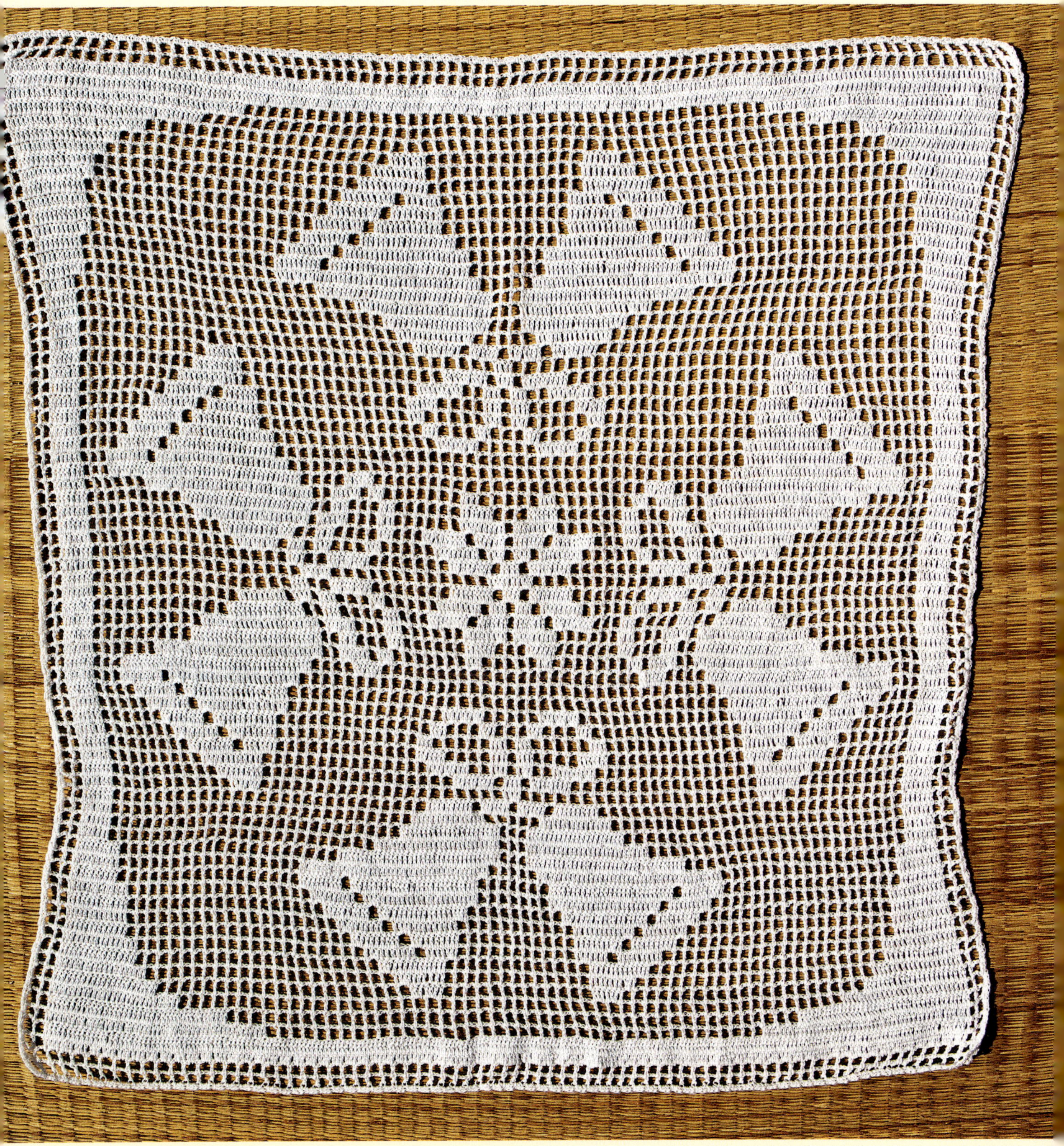

Tischläufer »Glockenform«

Eine Glocke und eine Kerze vereint dieser hübsche Tischläufer und bringt so viel Weihnachtliches auf kleinem Raum.

Material

30 Gramm Häkelgarn Stärke 10

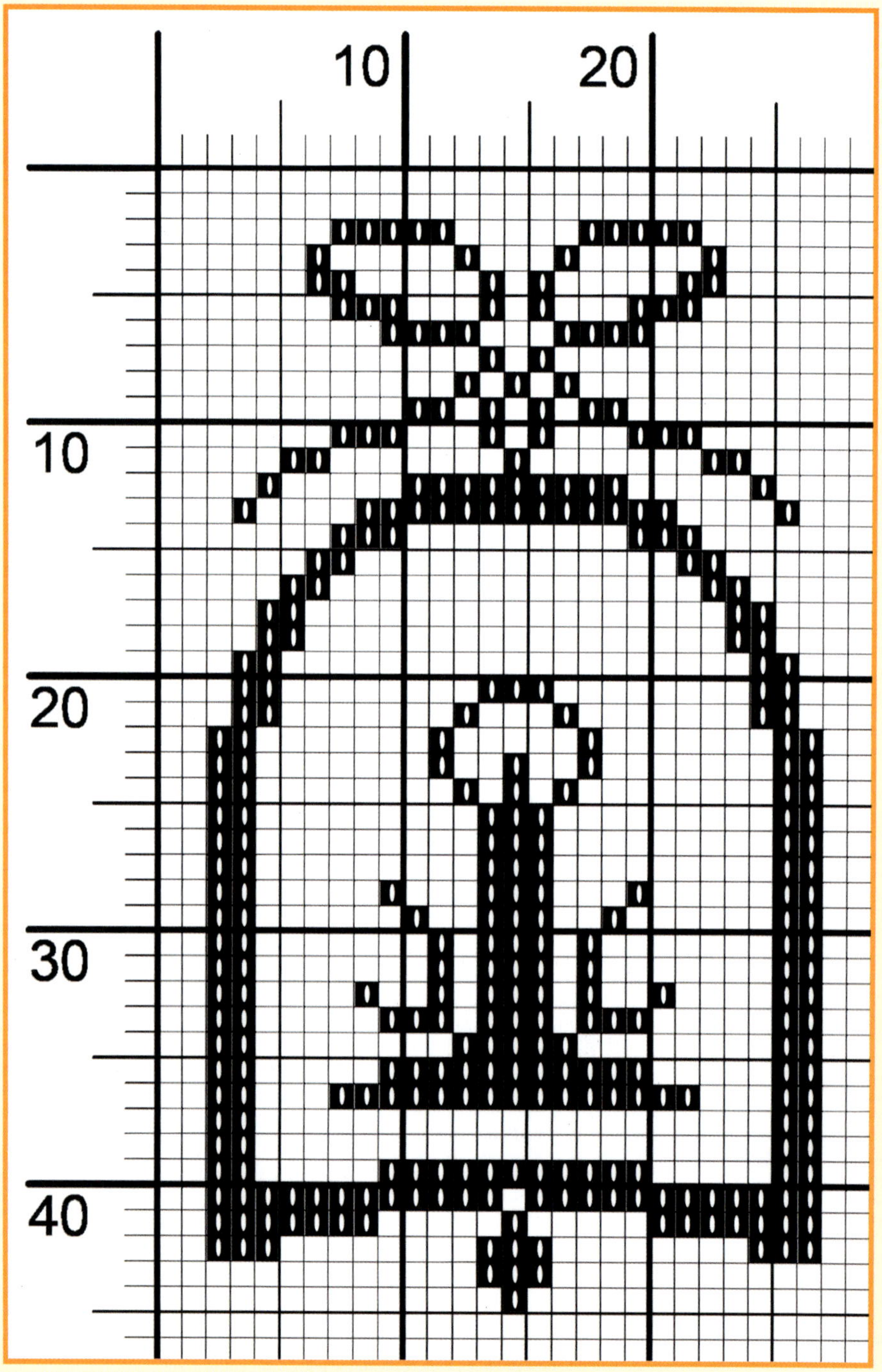

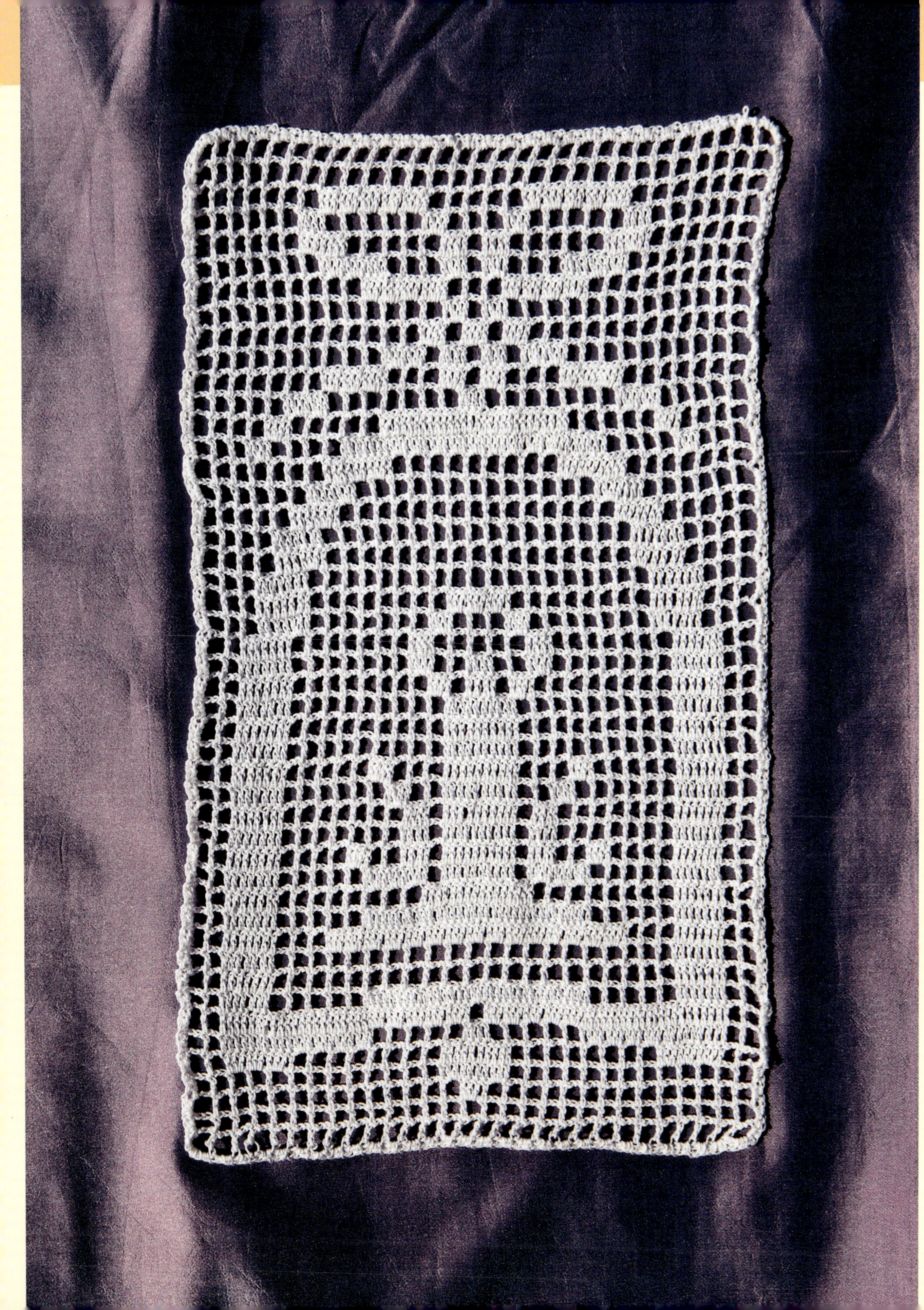

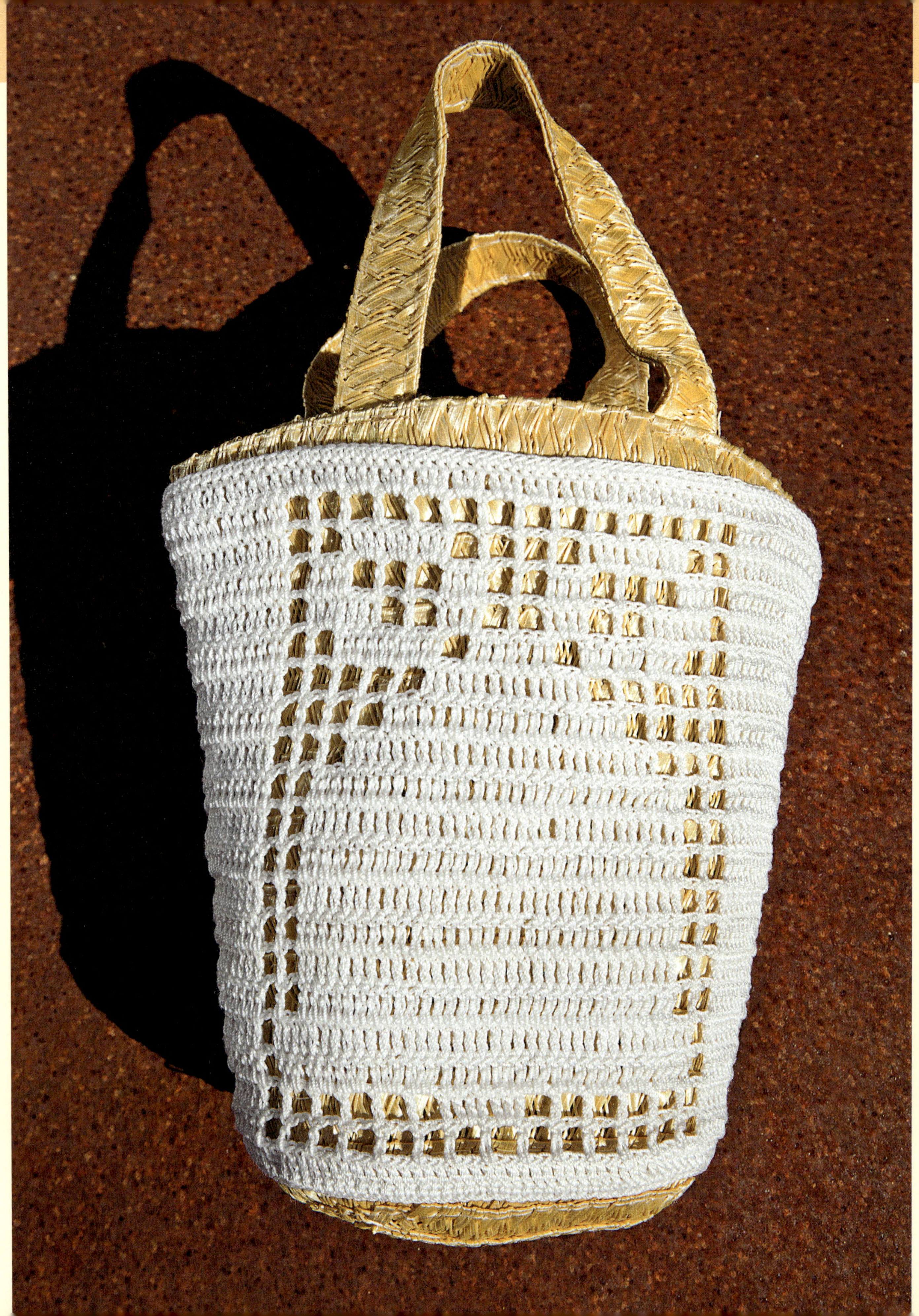

Geschenkkorb »Weihnachtsglück«

Was da wohl drin sein mag? – Doch niemand wird es eilig haben, diesen niedlichen Geschenkkorb zu öffnen, denn erst einmal wollen wir uns an seinem Anblick erfreuen!

Material

50 Gramm Häkelgarn Stärke 10

Anleitung

Die Arbeit soll relativ straff sitzen, dadurch kommt das Muster besser zur Geltung. Falls notwendig, kann die Arbeit am unteren Rand mit einer Runde feste Maschen behäkelt und dabei durch Überspringen einzelner Maschen der Umfang etwas reduziert werden.

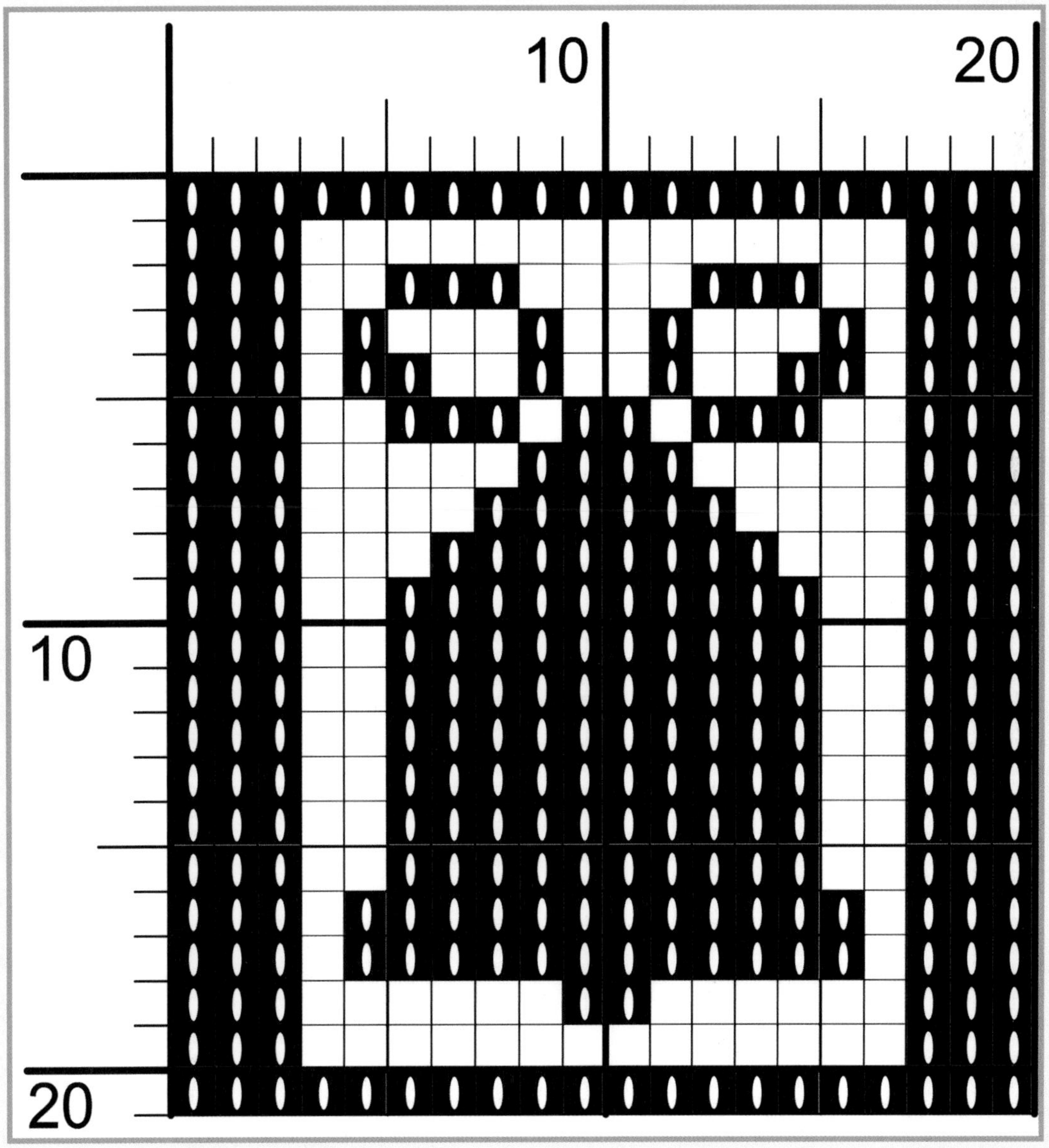

Tasche für Weihnachtspost

Nette Weihnachtsgrüße sorgen immer für strahlende Gesichter – aber noch größer ist die Freude, wenn die Weihnachtspost in so einem netten geschmückten Täschchen daherkommt!

Material

50 Gramm Häkelgarn Stärke 10

Anleitung

Es wurde ein fertig gekaufter Korb verwendet. Arbeit an die Größe des verwendeten Korbes anpassen. Sie soll relativ straff sitzen, dadurch kommt das Muster besser zur Geltung. Falls notwendig, kann die Arbeit am unteren Rand mit einer Runde feste Maschen behäkelt und dabei durch Überspringen einzelner Maschen der Umfang etwas reduziert werden.

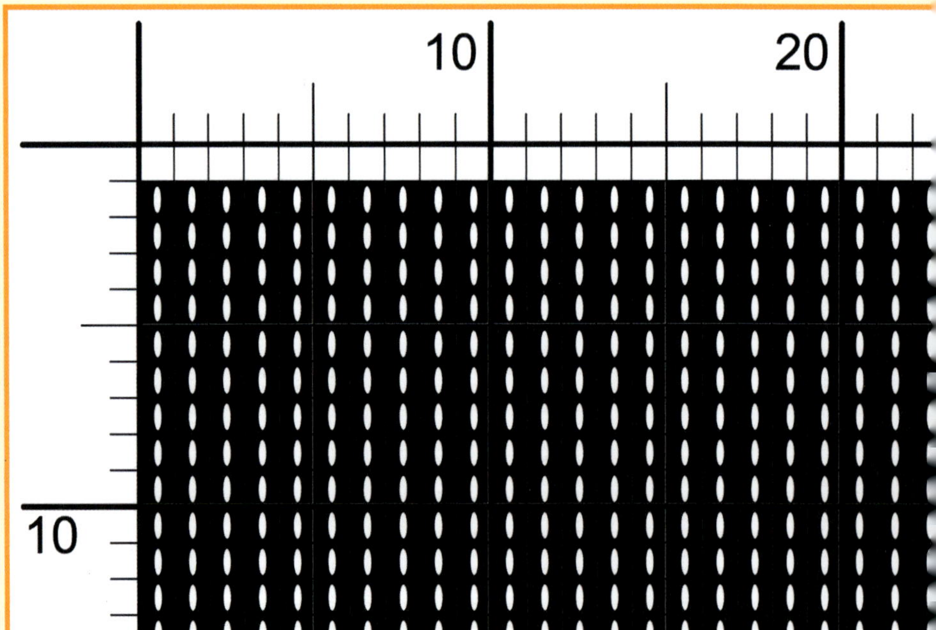

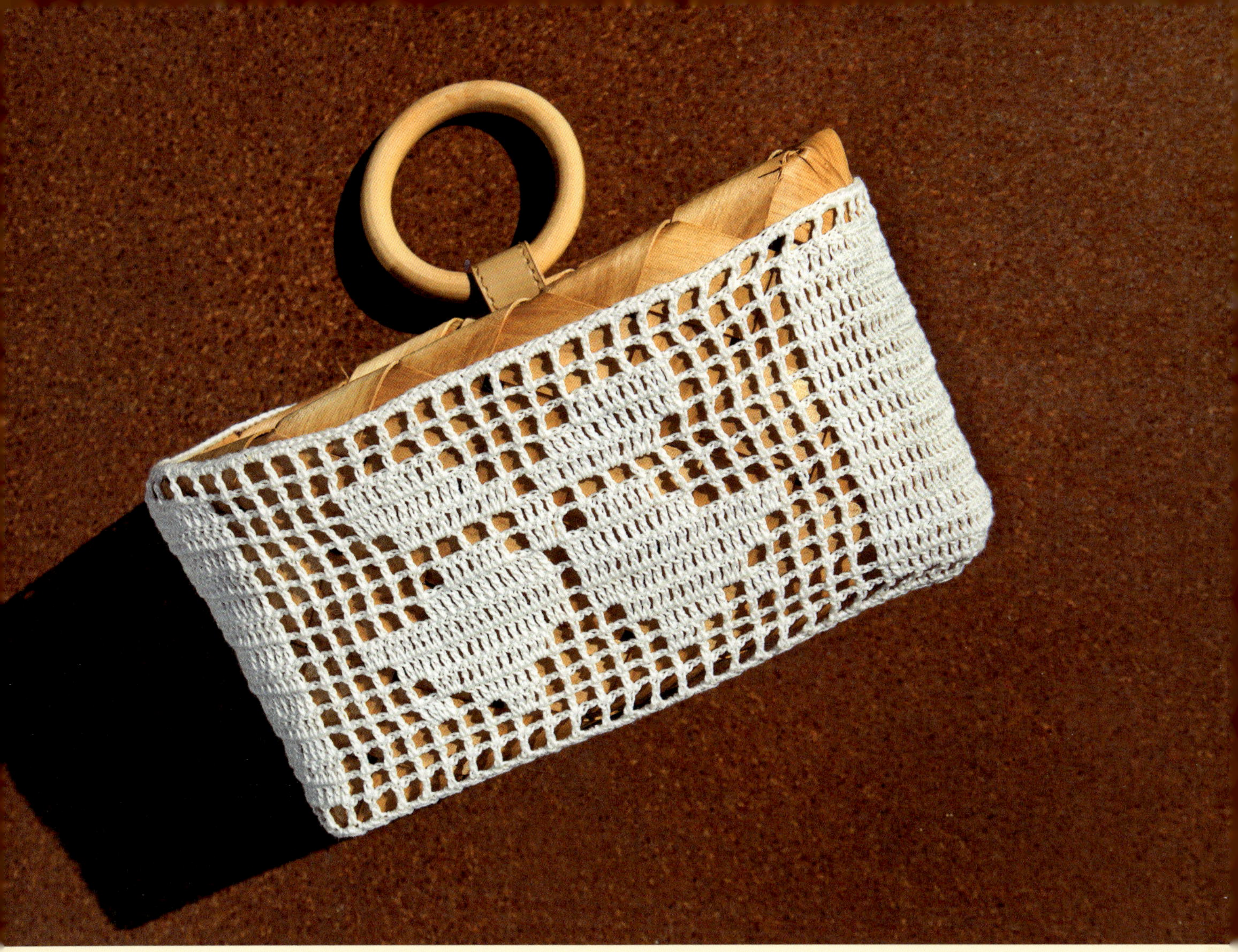

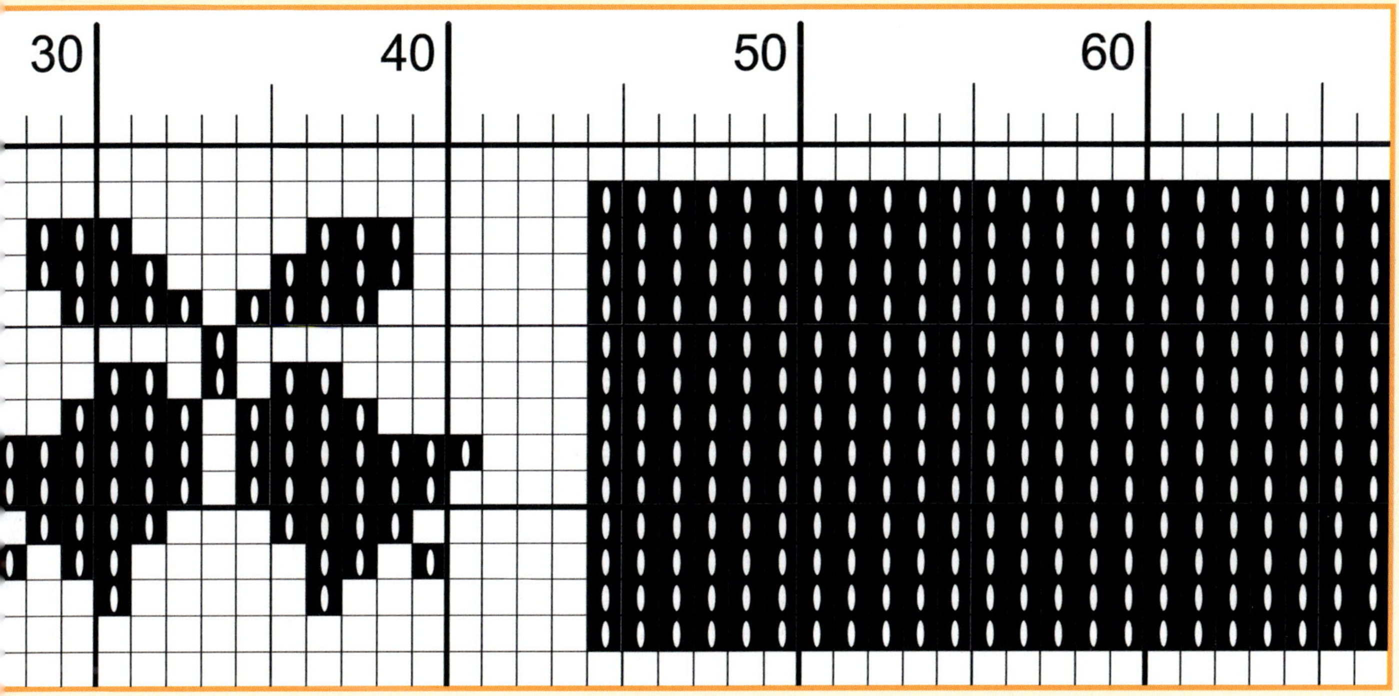
30
40
50
60

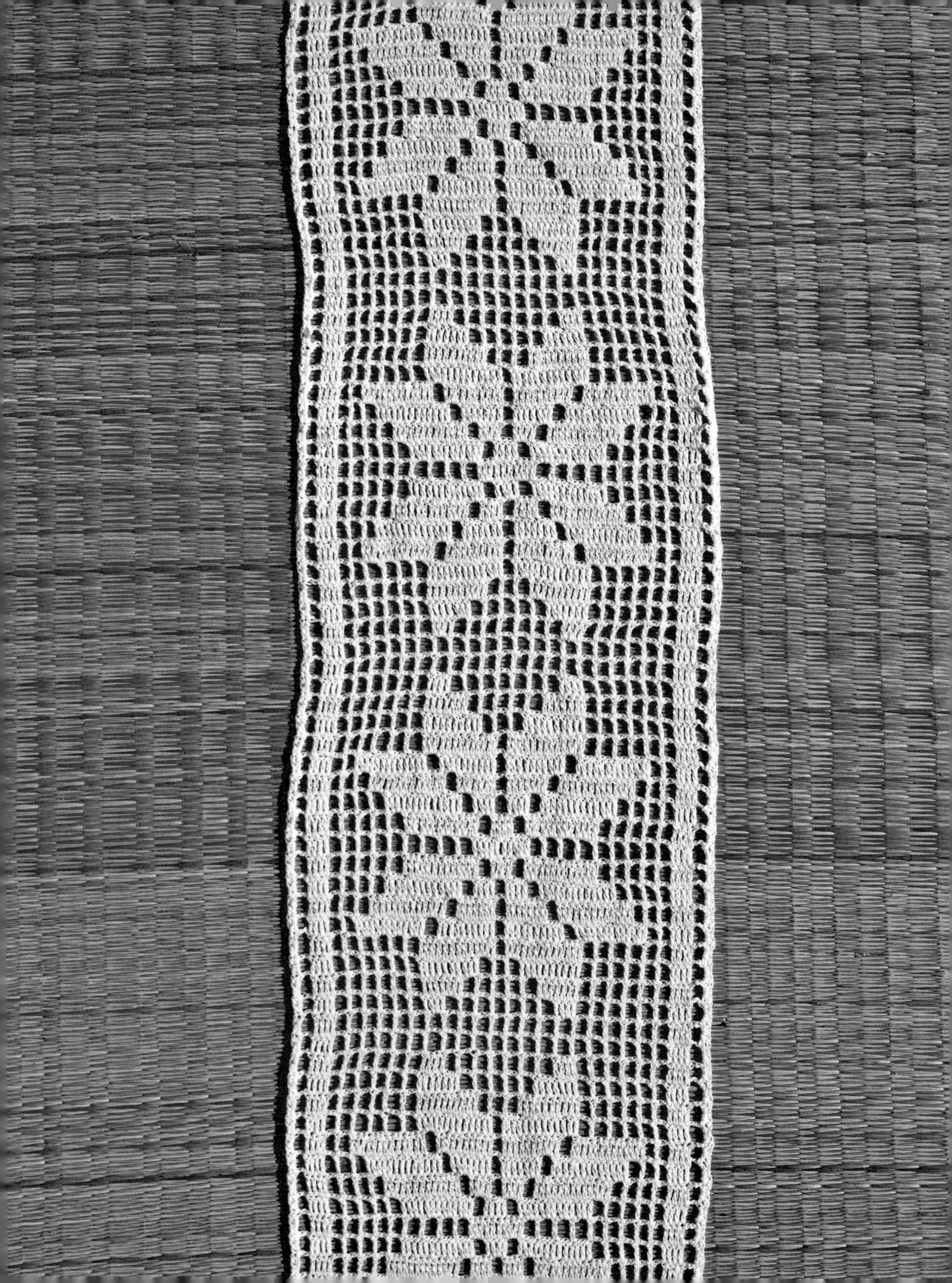

Tischband »Sternenregen«

Hier regnet es Sterne vom Himmel! Und wie lange sie regnen sollen, können Sie bei diesem klassischen Tischband selbst bestimmen.

Material

Ca. 70 Gramm Häkelgarn Stärke 10 für die gezeigte Länge, kann gut angepasst werden

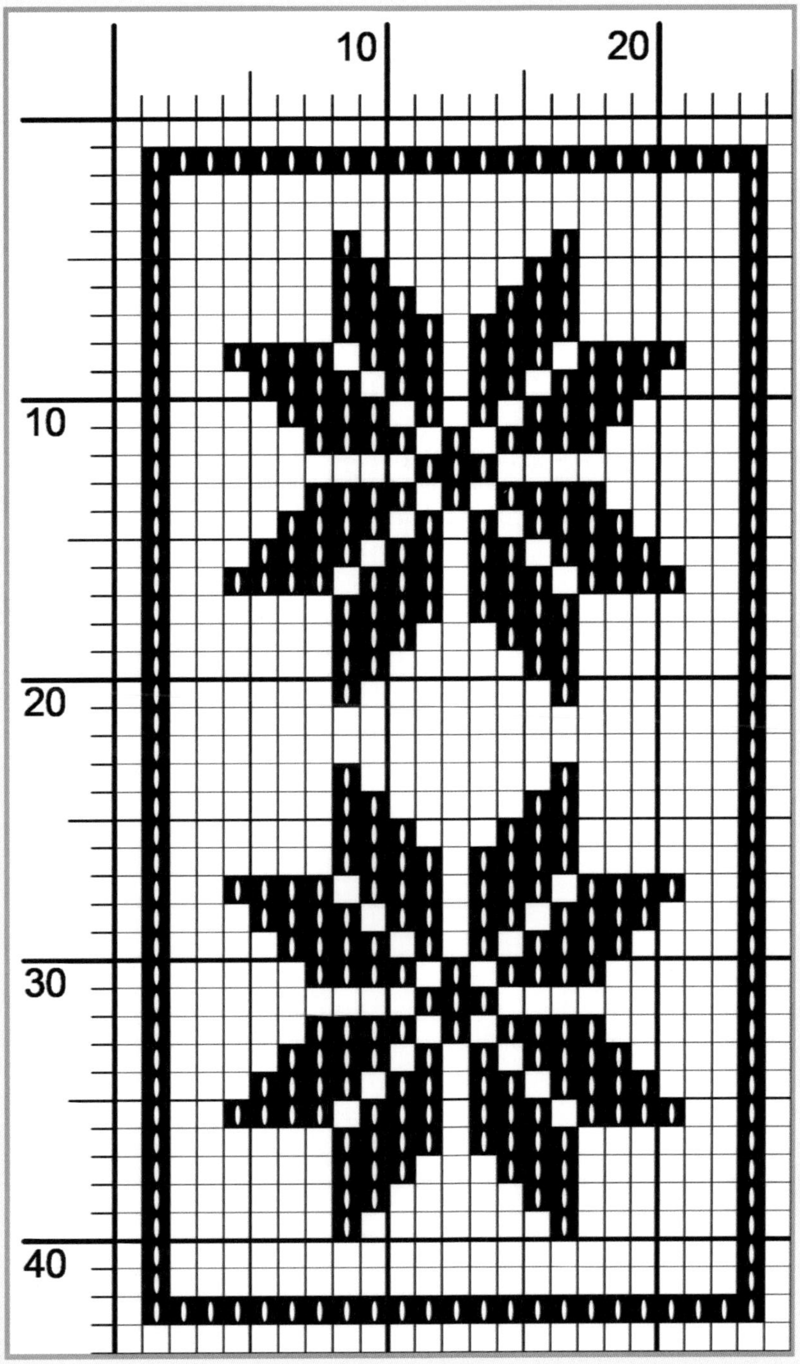

Tischband »Festliche Sterne«

Ein traumhafter Blickfang auf jeder Festtagstafel.

Material

Ca. 100 Gramm Häkelgarn Stärke 10 für die gezeigte Länge, kann gut angepasst werden

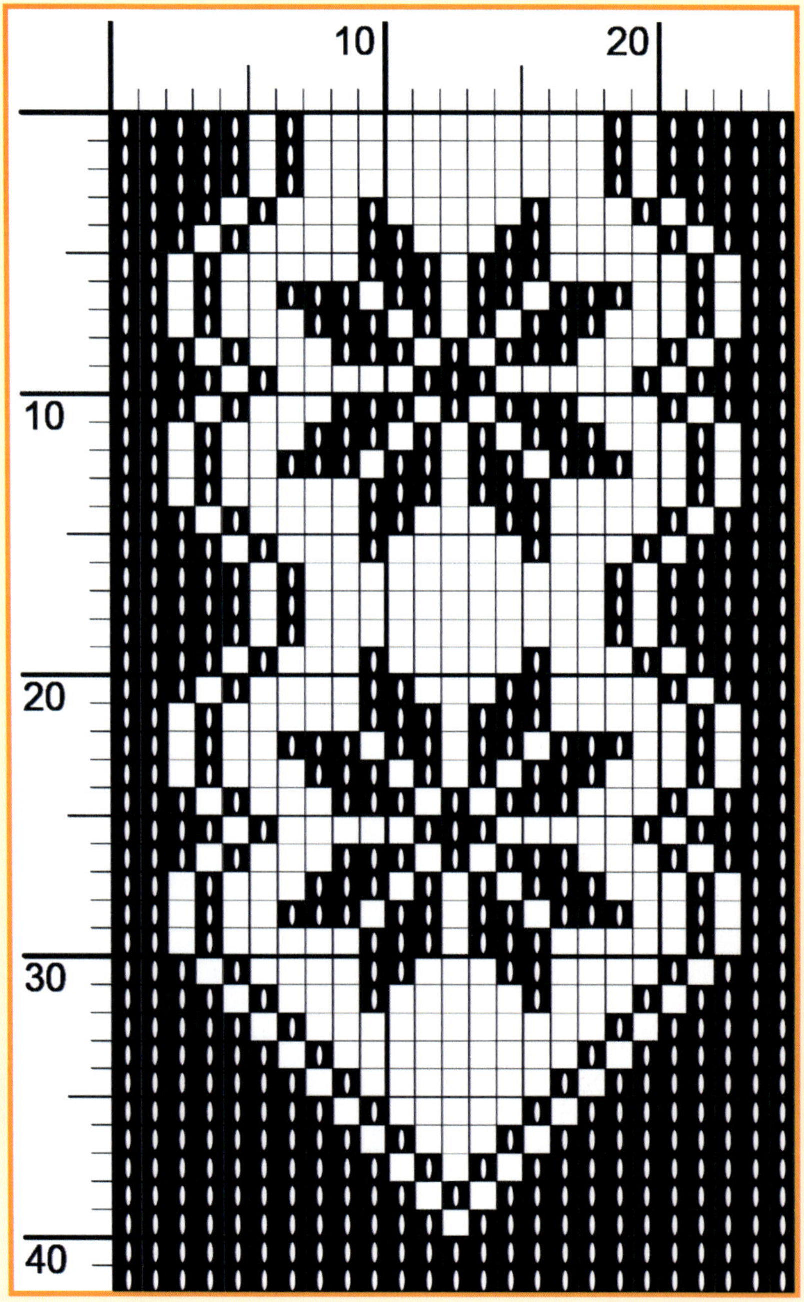

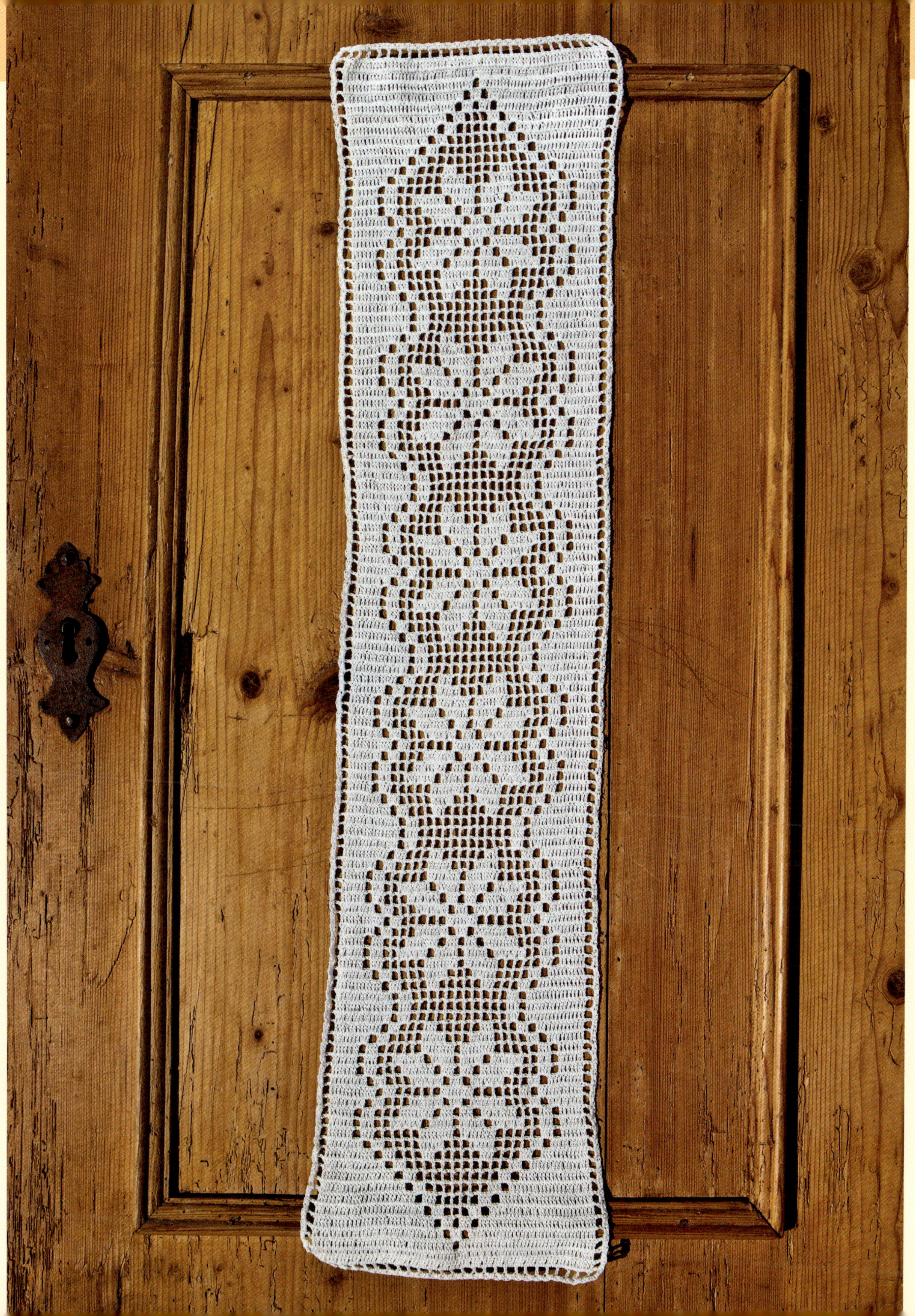

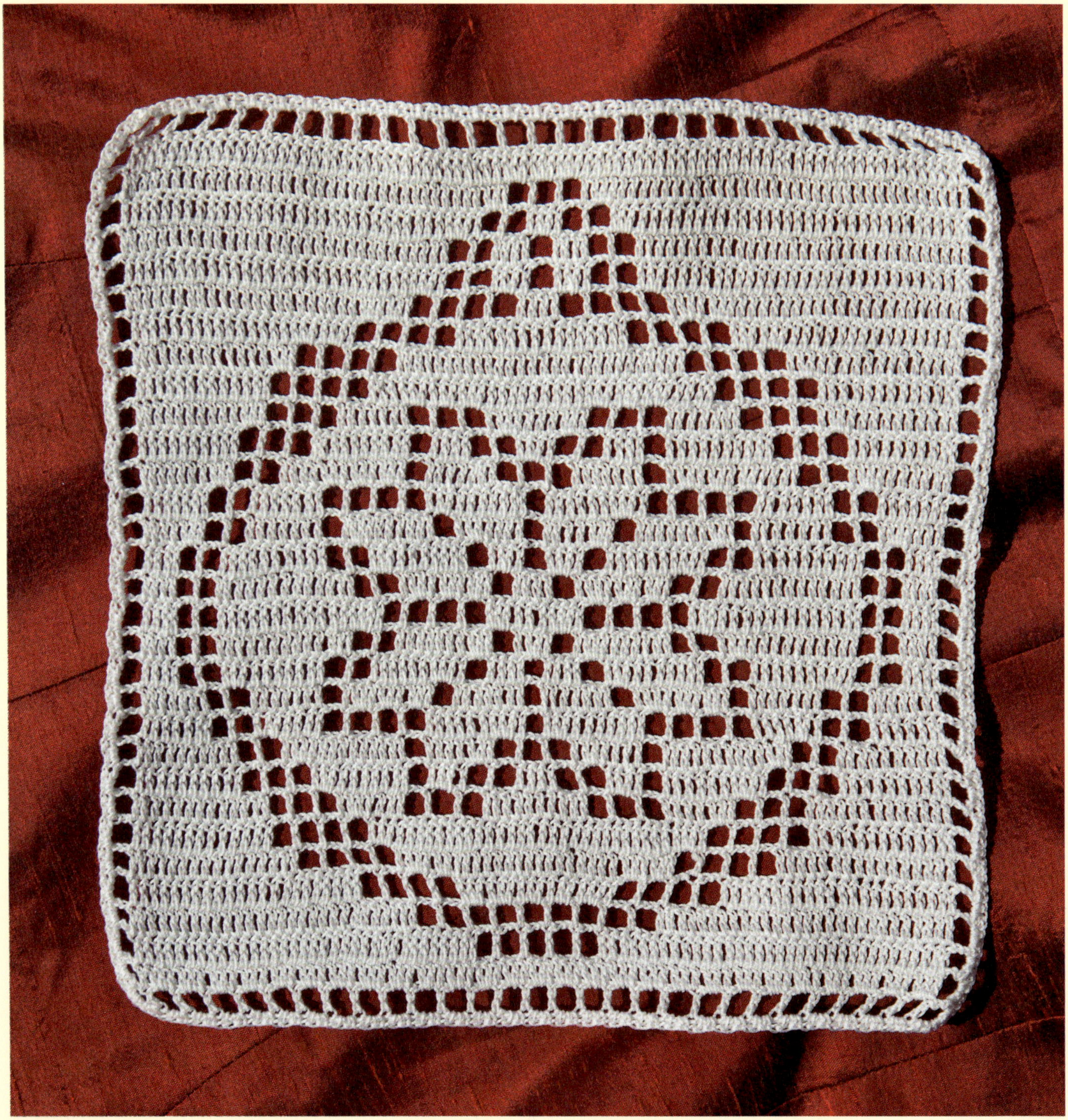

Deckchen »Sternenkugel«

Hier hat sich das Christkind besonders angestrengt und Kugel und Stern in einem einzigen Modell vereint.

Material

30 Gramm Häkelgarn Stärke 10

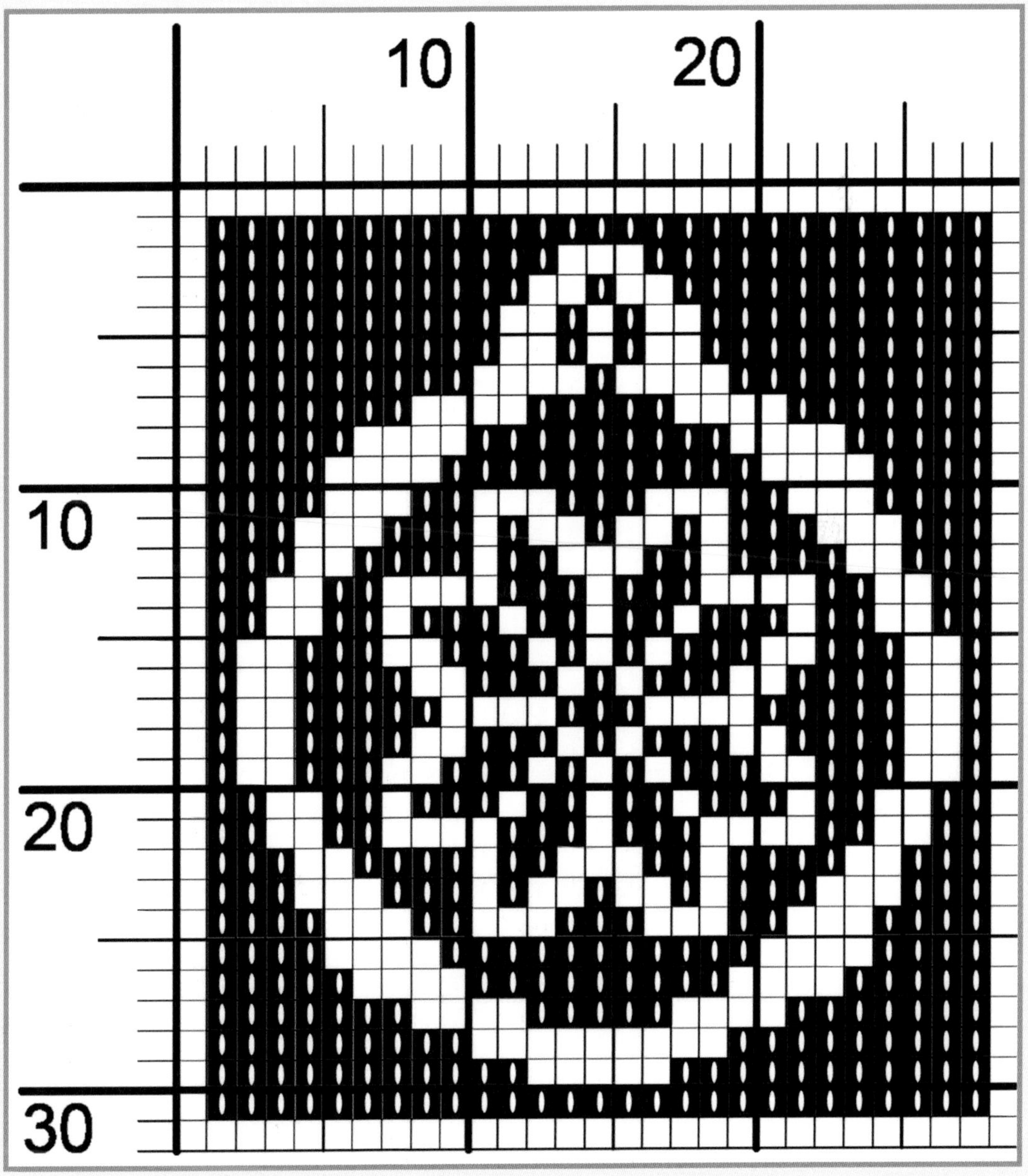

Kleines Kissen »Abendstern«

Auch das Sofa will geschmückt sein! Mit diesem Sternenkissen erhält es seinen Anteil am weihnachtlichen Glanz.

Material

100 Gramm Wolle, 175 Meter Lauflänge pro 50 Gramm; Nadel 2

Anleitung

Das Kissen soll quadratisch werden, eventuell am unteren und oberen Rand die gewünschte Anzahl Reihen hinzufügen.

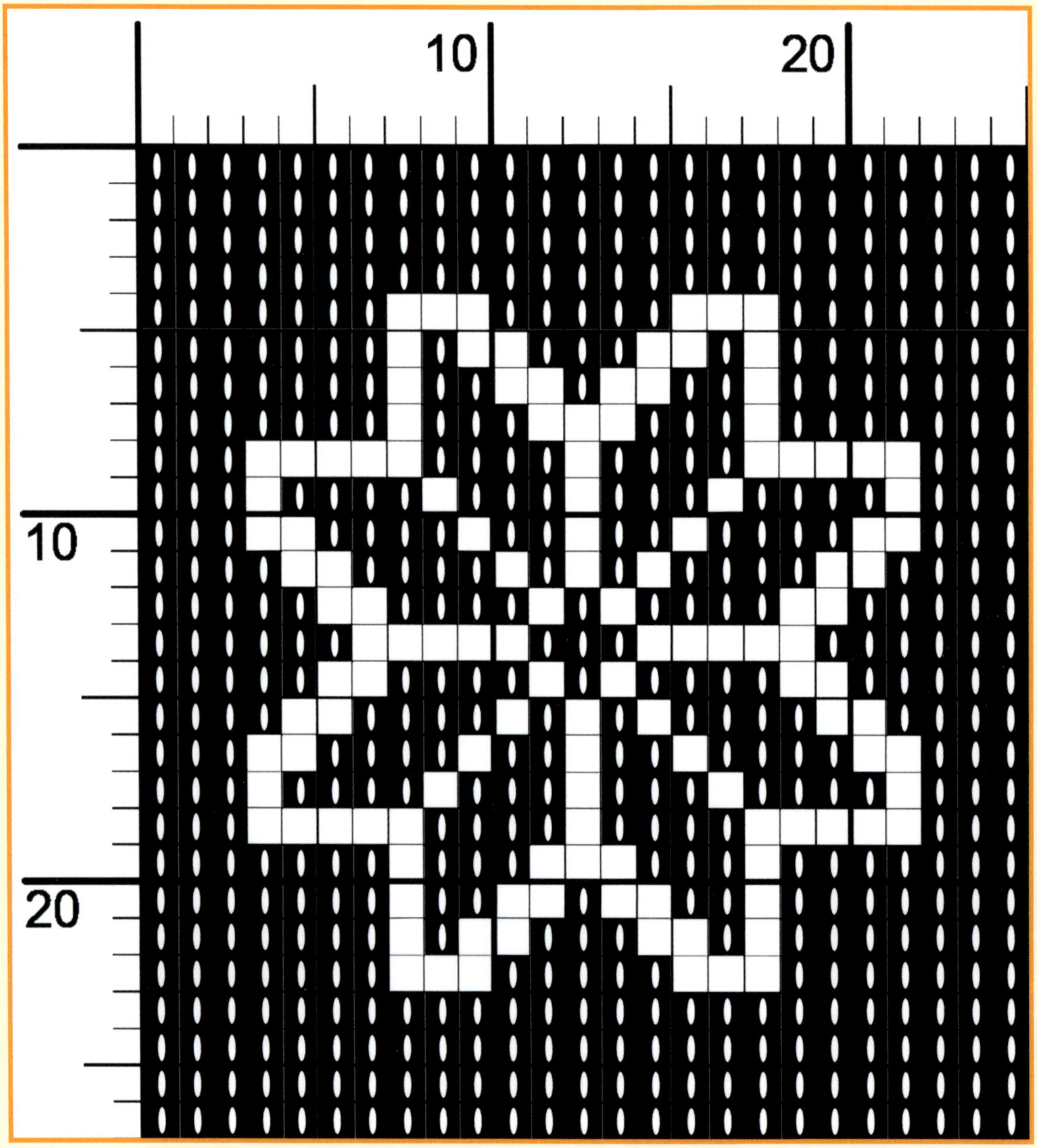

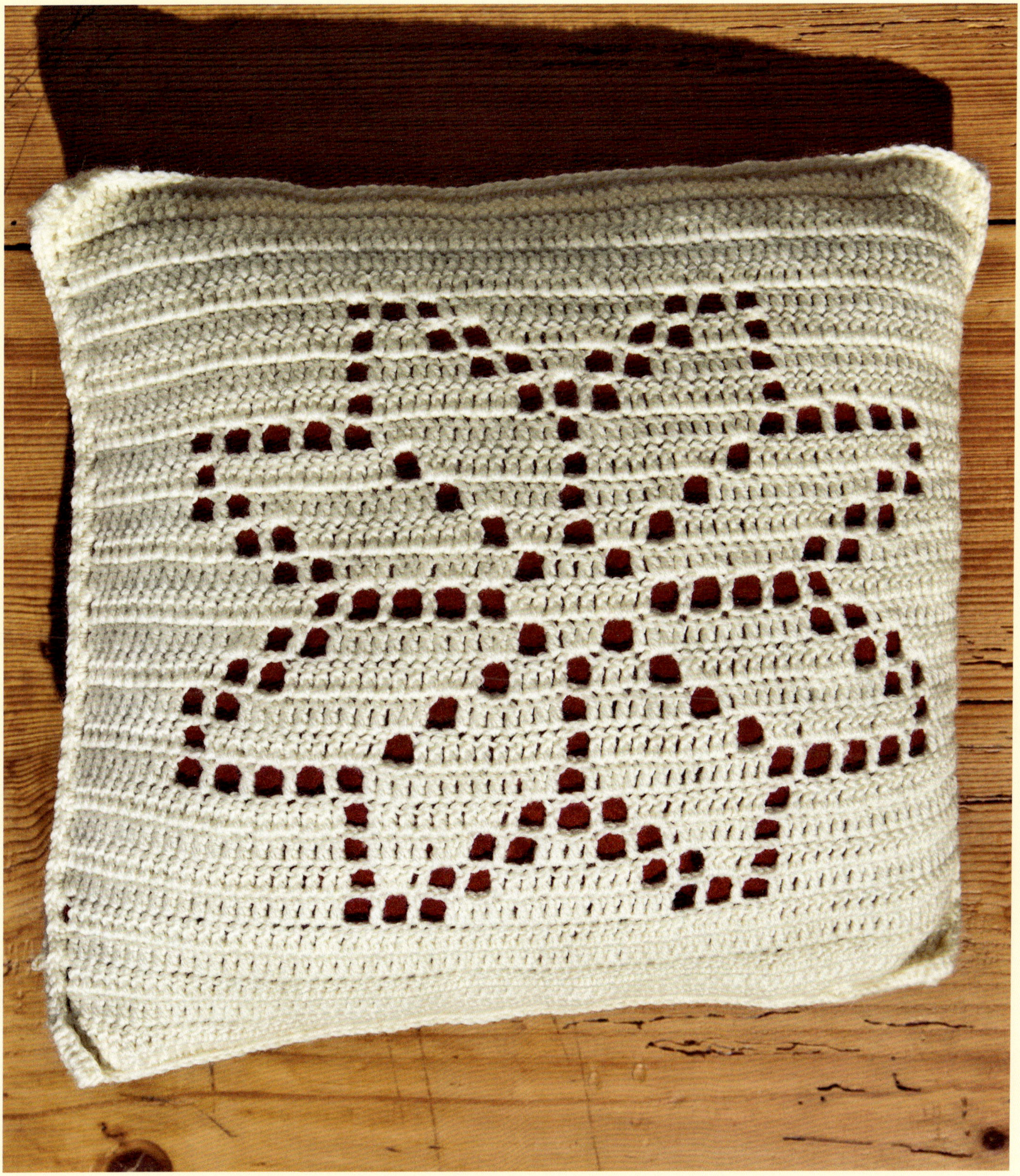

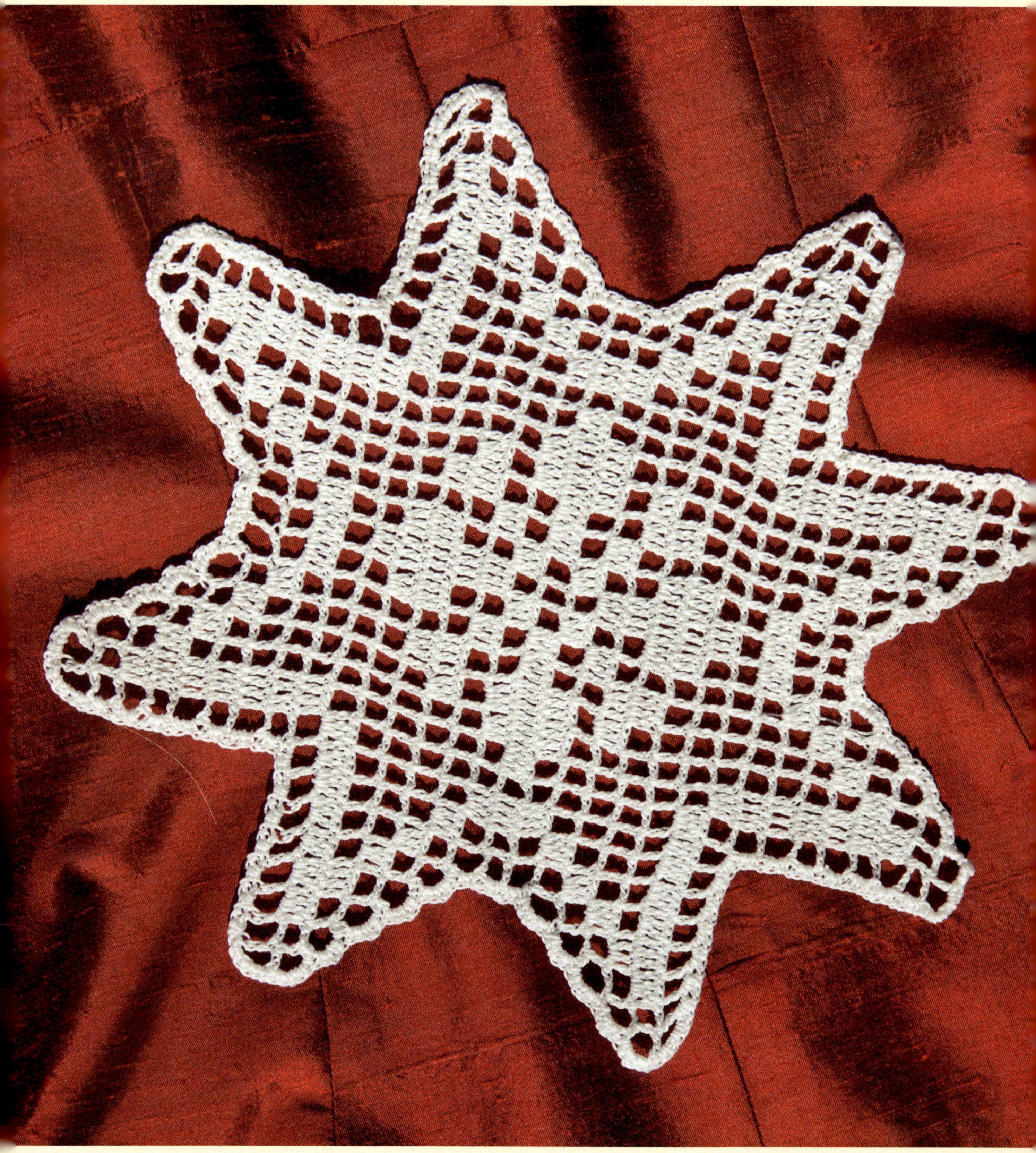

Stern

Diesen Stern könnten Sie vielleicht als schöne Unterlage für ein ganz besonderes kleines Highlight auf Ihrem Gabentisch verwenden – aber am allerschönsten leuchtet er wohl, wenn Sie ihn einfach so und völlig zweckfrei dort hinlegen!

Material

100 Gramm Häkelgarn Stärke 10

Die grauen Passagen kennzeichnen den Bereich außerhalb des Musters und werden nicht gearbeitet.

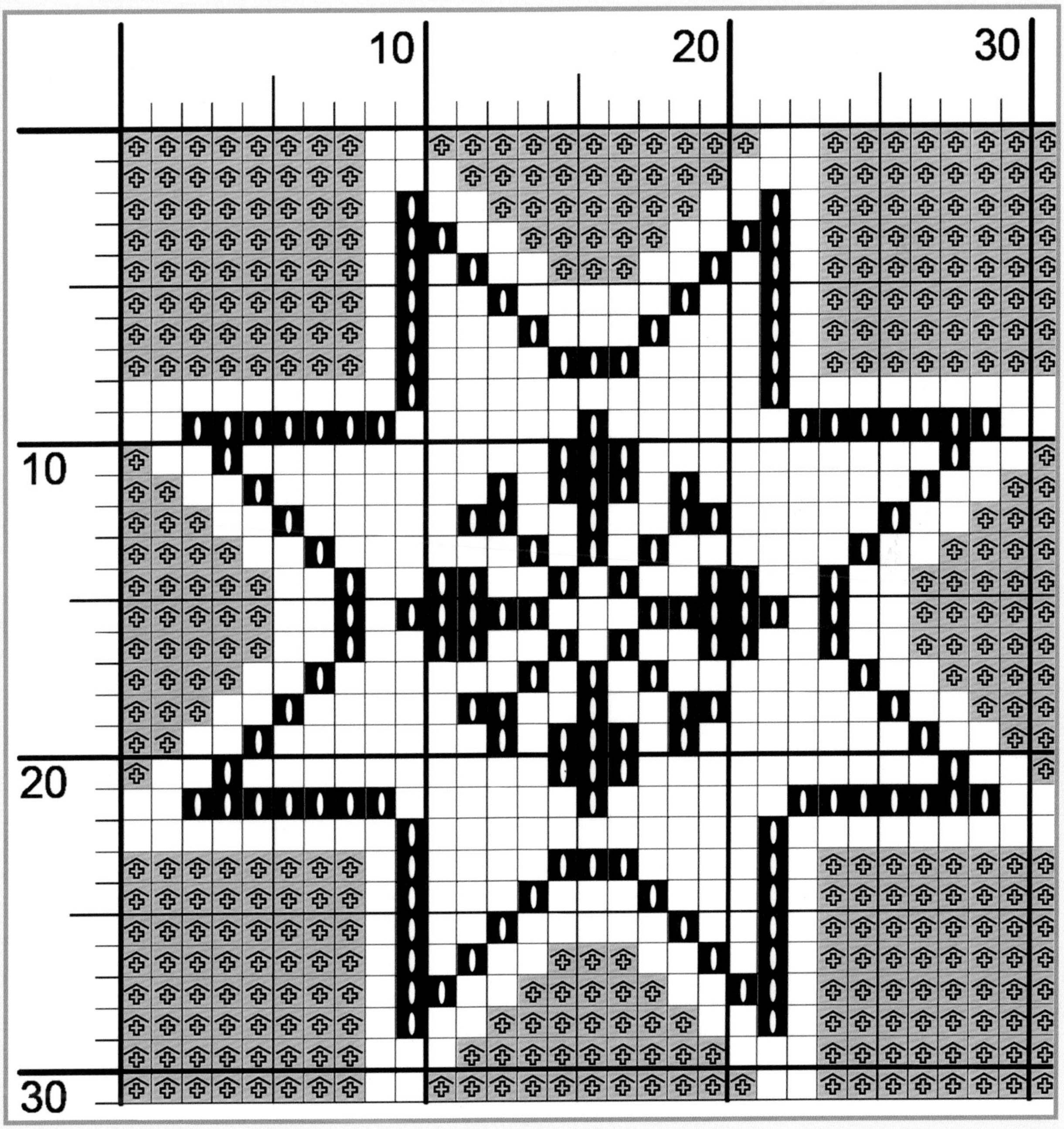

Decke »Sternenzelt«

Hier ist der Weihnachtsklassiker Stern mit weiteren hübschen Schmuckelementen kombiniert.

Material

50 Gramm Häkelgarn Stärke 10

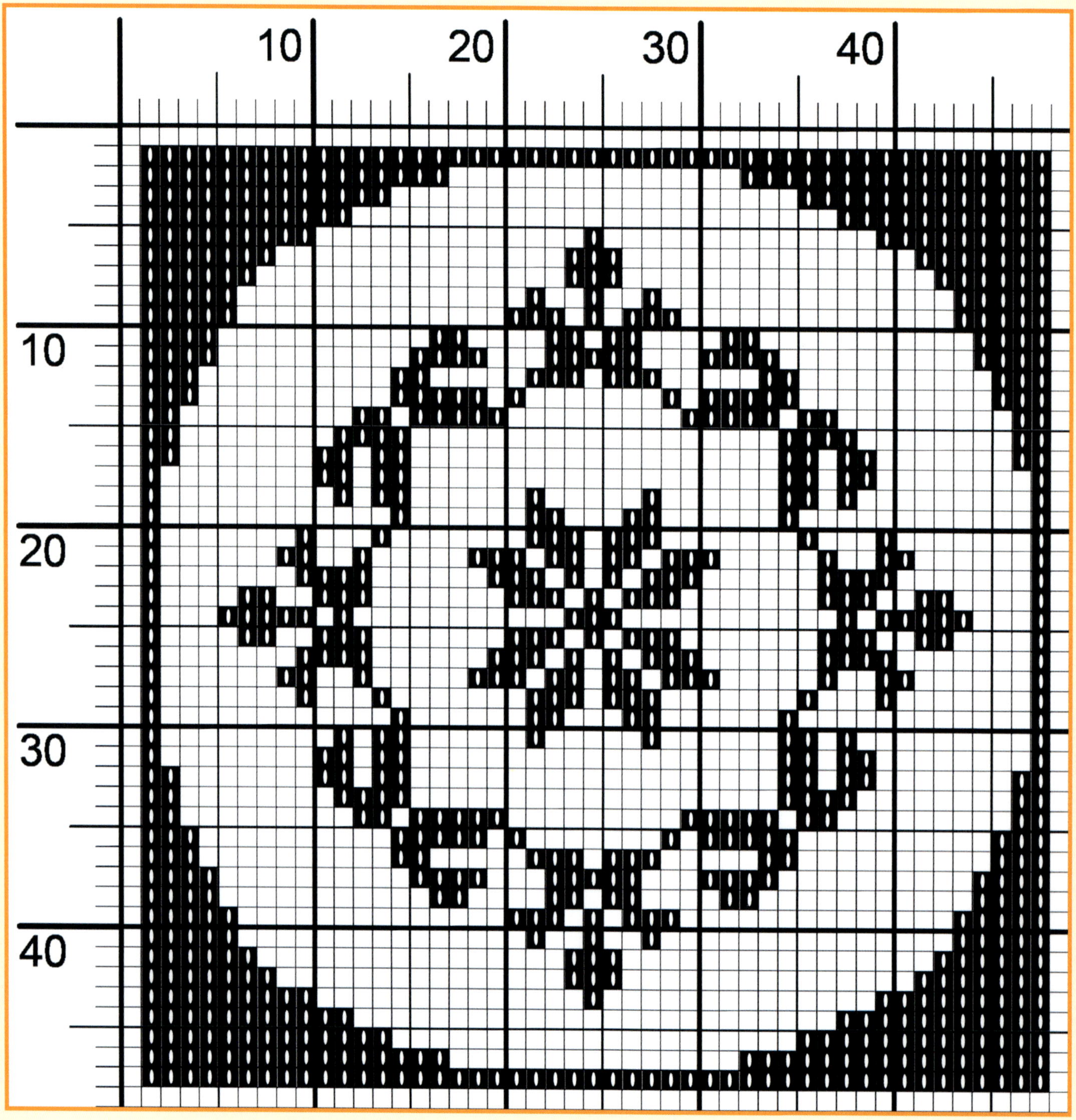

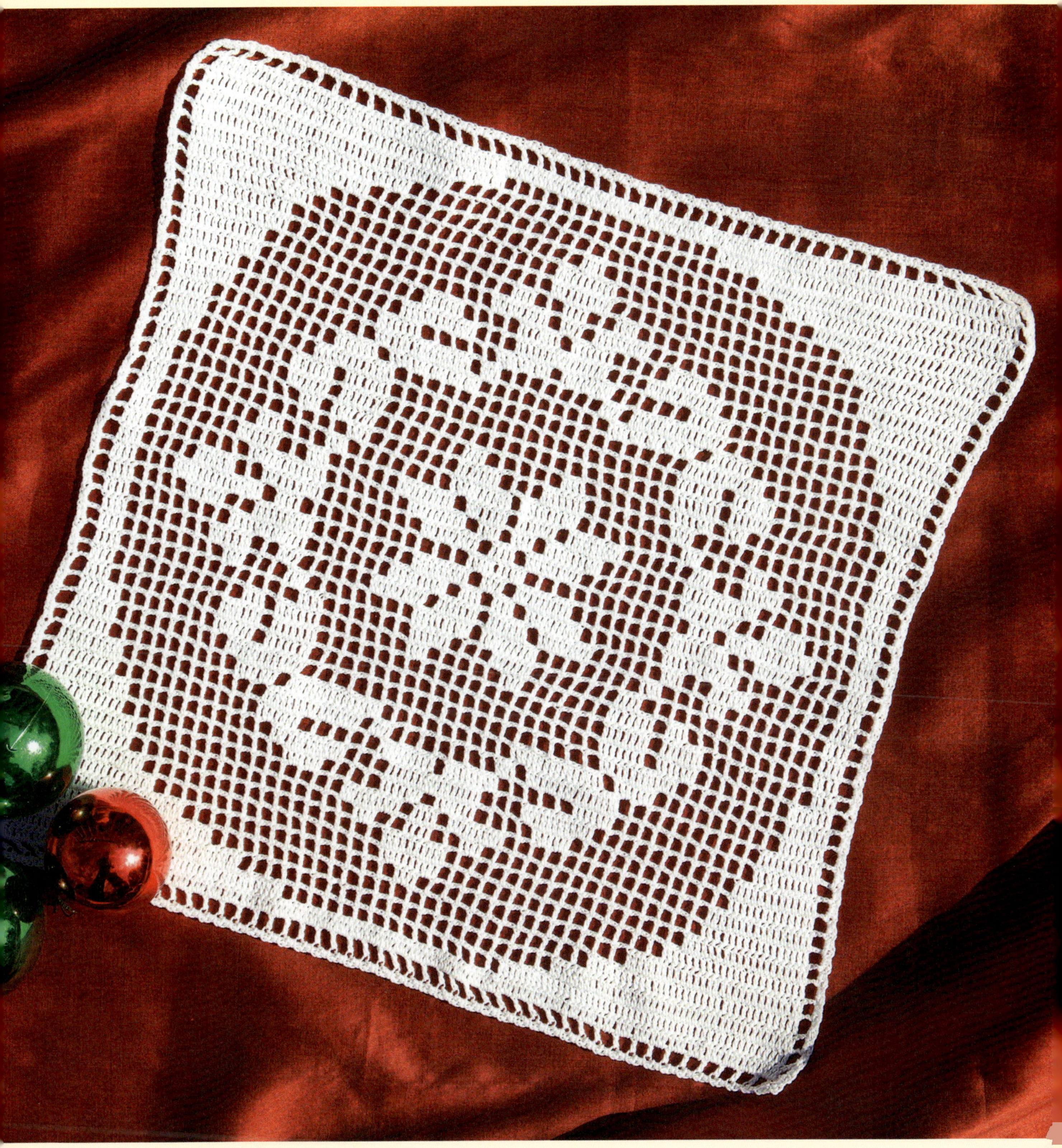

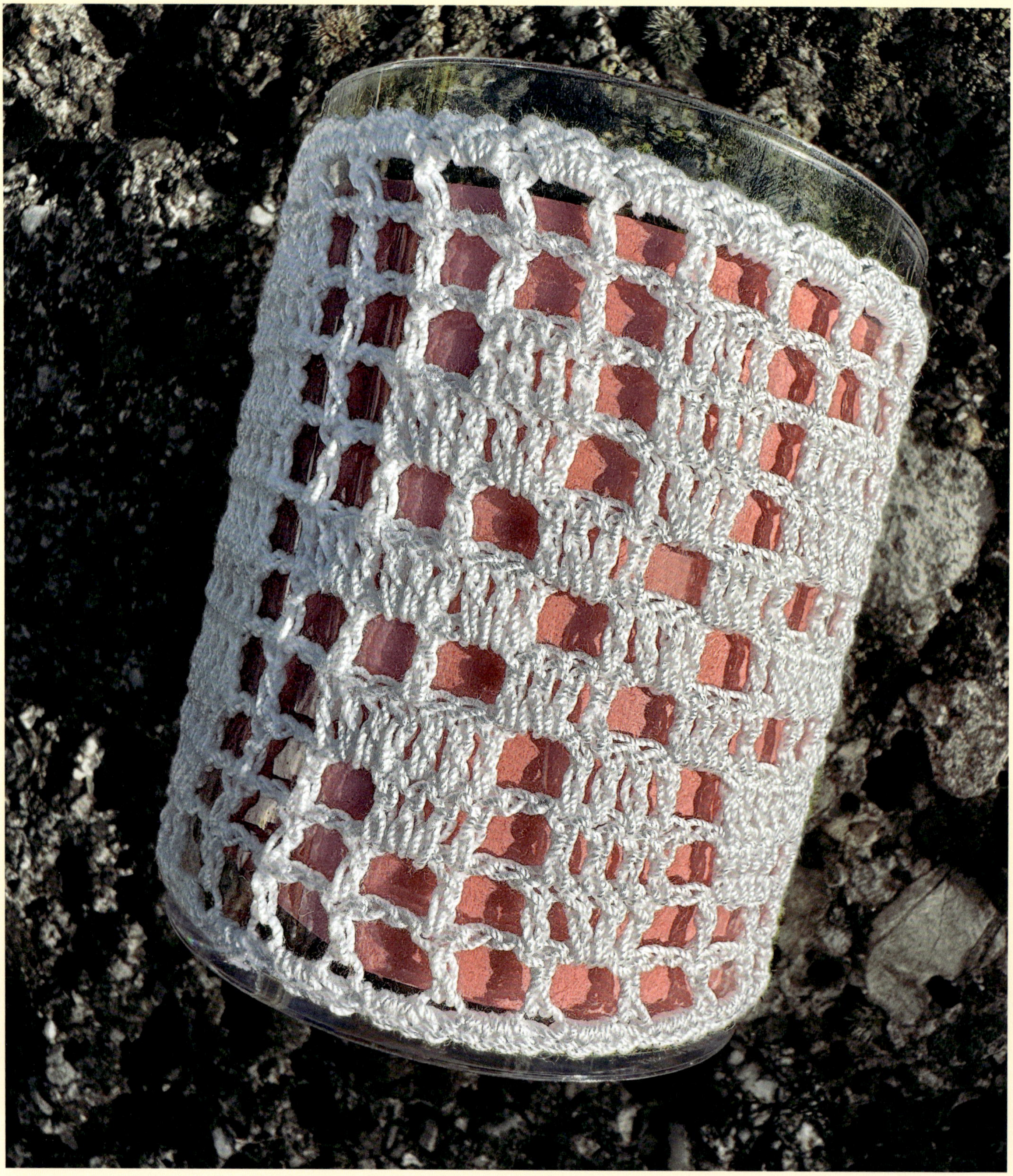

Windlicht »Schneestern«

Der warme Schein dieses Windlichts sorgt dafür, dass auch den Eiskristallen warm ums Herz wird!

Material

15 Gramm Häkelgarn Stärke 10

Anleitung

Den ungemusterten Stäbchenteil in Höhe und Breite an das verwendete Glas anpassen.

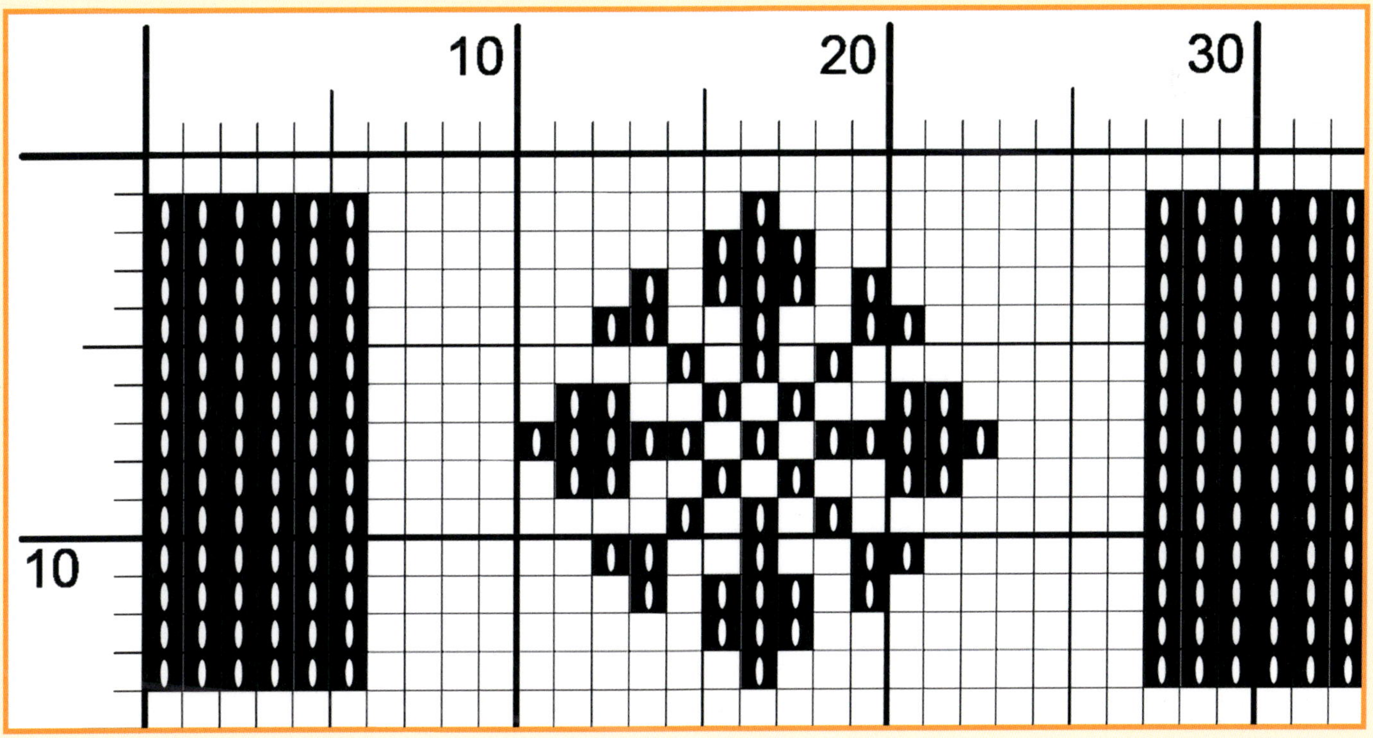

Album

Ob Fotos oder Post, die Sie zum Fest erhalten haben: Legen Sie in diesem mit stilvollem Häkelmuster verzierten Album Ihre schönsten weihnachtlichen Erinnerungen ab!

Material

50 Gramm Häkelgarn Stärke 10

Anleitung

Die Arbeit soll straff sitzen. Falls sie eine Spur zu groß ausgefallen ist, in heißes Wasser tauchen, auswinden und auf der Mappe fertigtrocknen.

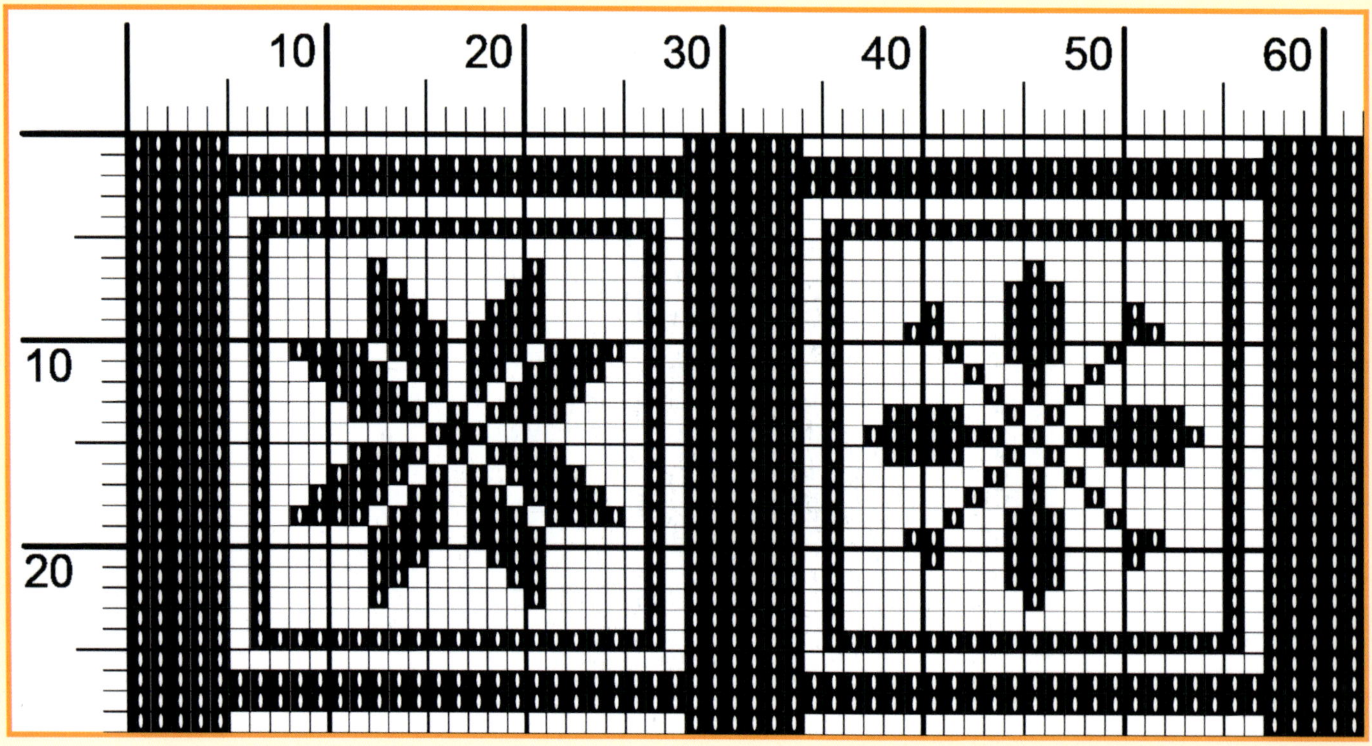

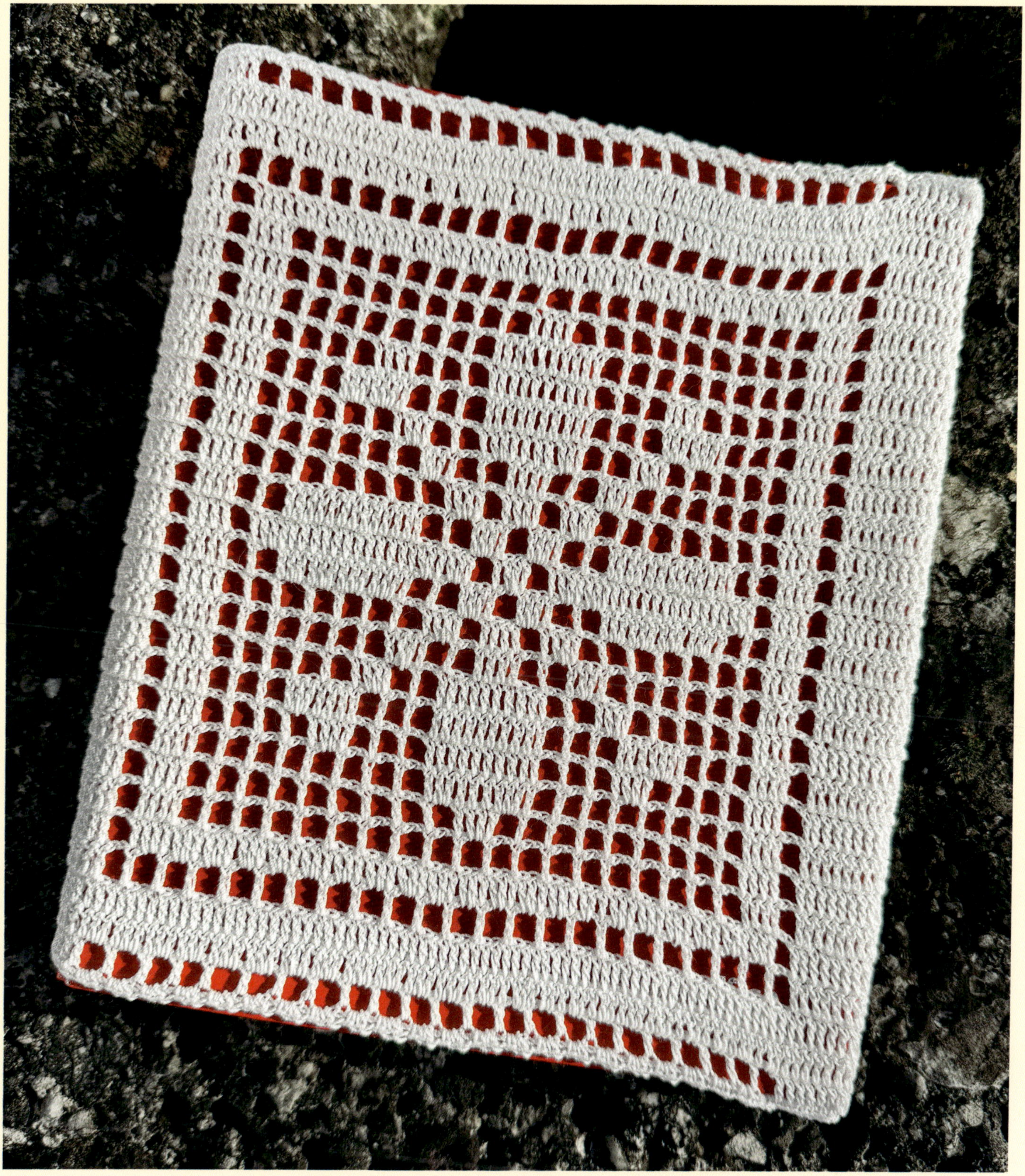

Deckchen »Kerzen«

Diese vier Kerzen könnten vielleicht ein niedliches Gesteck einrahmen, das Sie in der Mitte platzieren.

Material

40 Gramm Häkelgarn Stärke 10

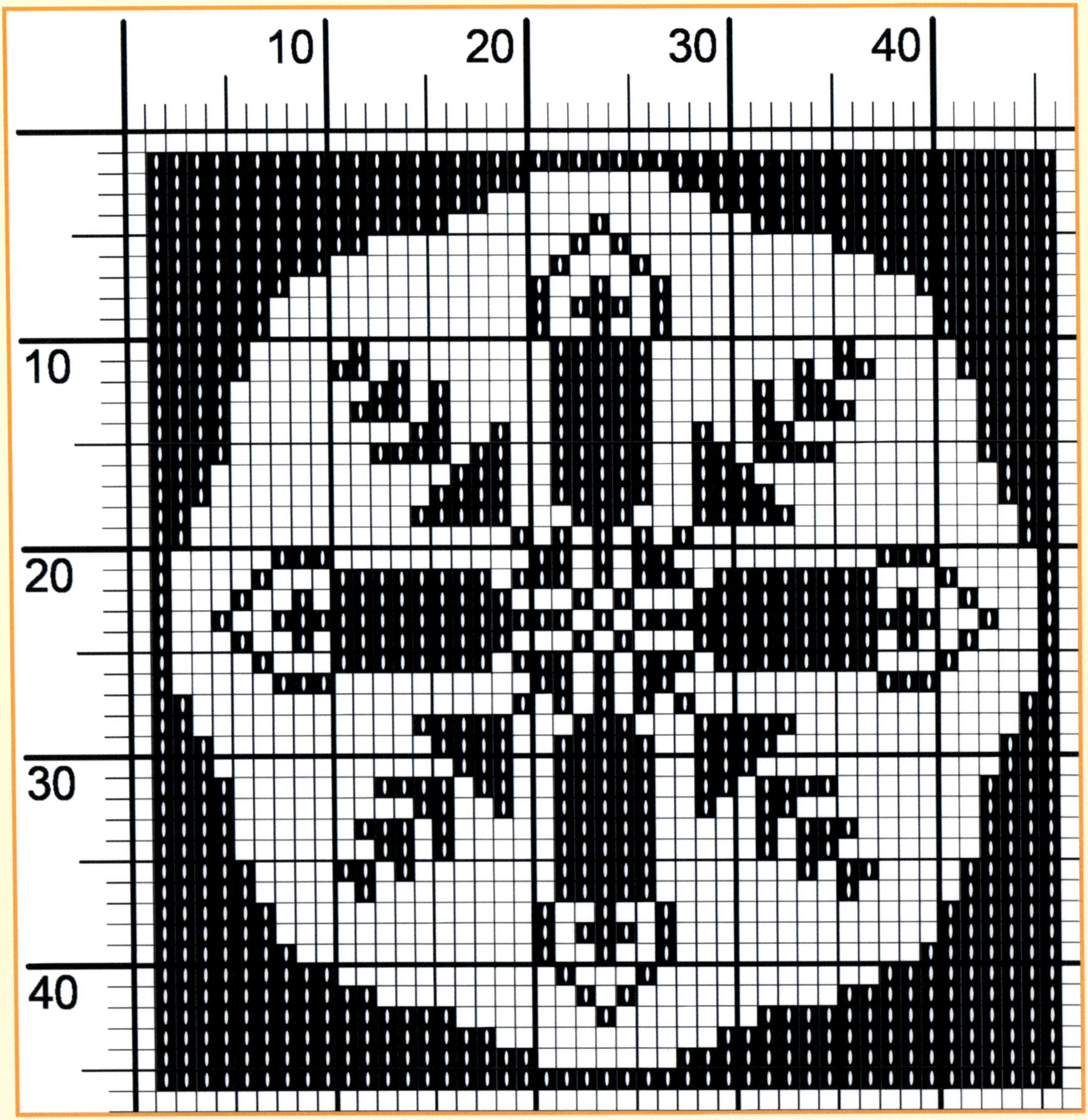

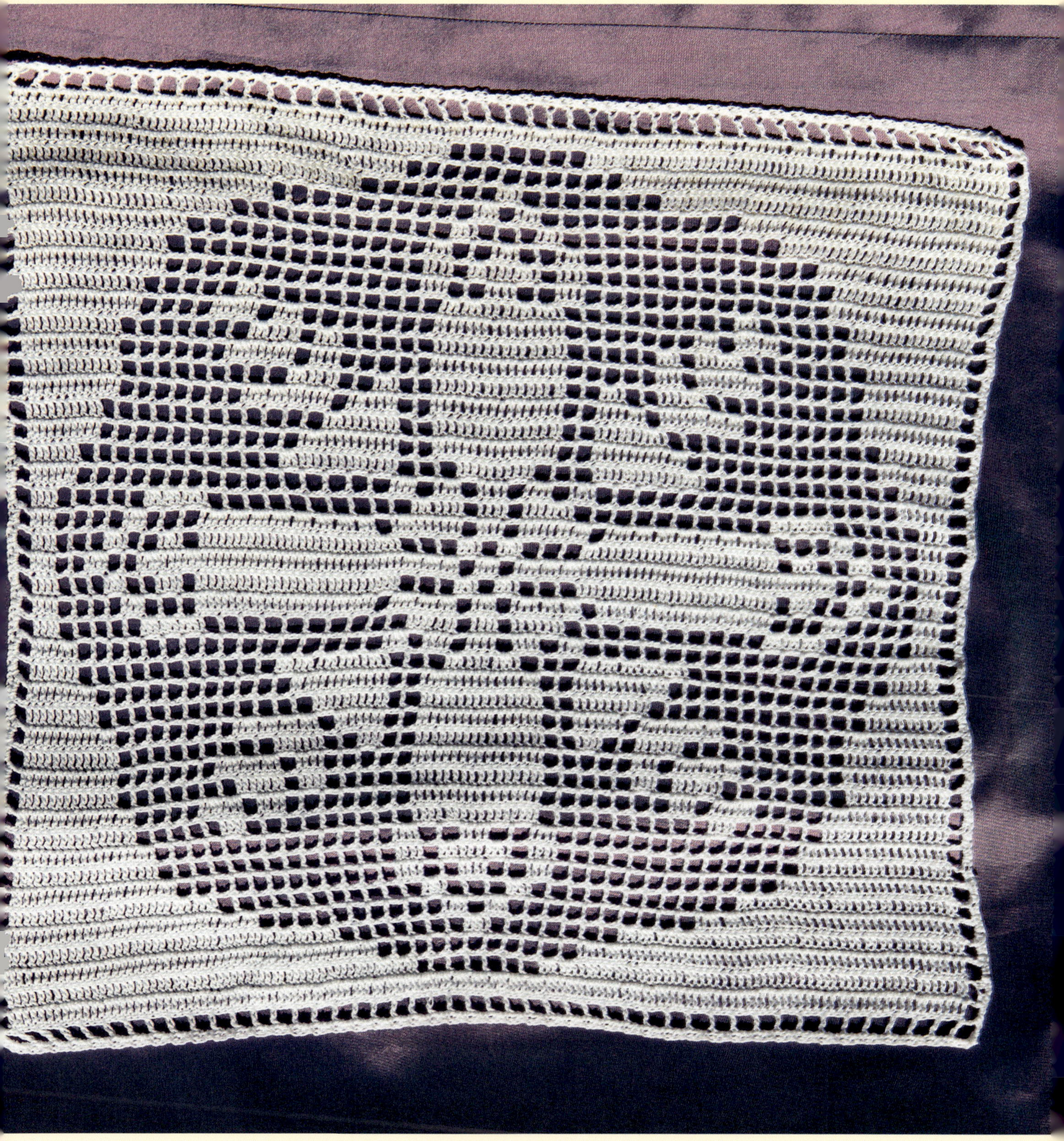

Tischband »Kerzen«

Dieses Tischband sorgt auch ganz ohne Kerzenschein schon für romantische Stimmung.

Material

Ca. 70 Gramm Häkelgarn Stärke 10 für die gezeigte Länge, kann gut angepasst werden

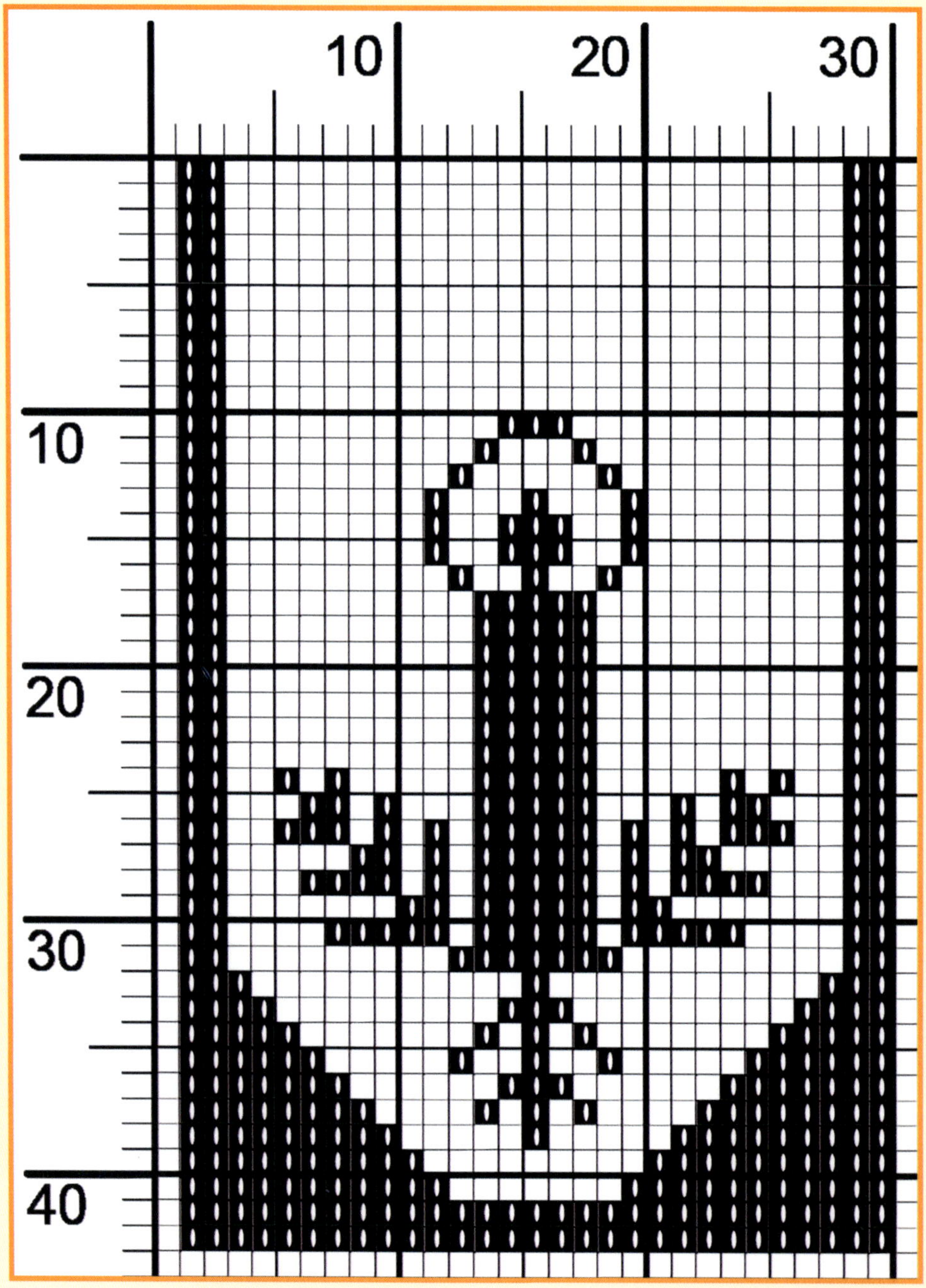

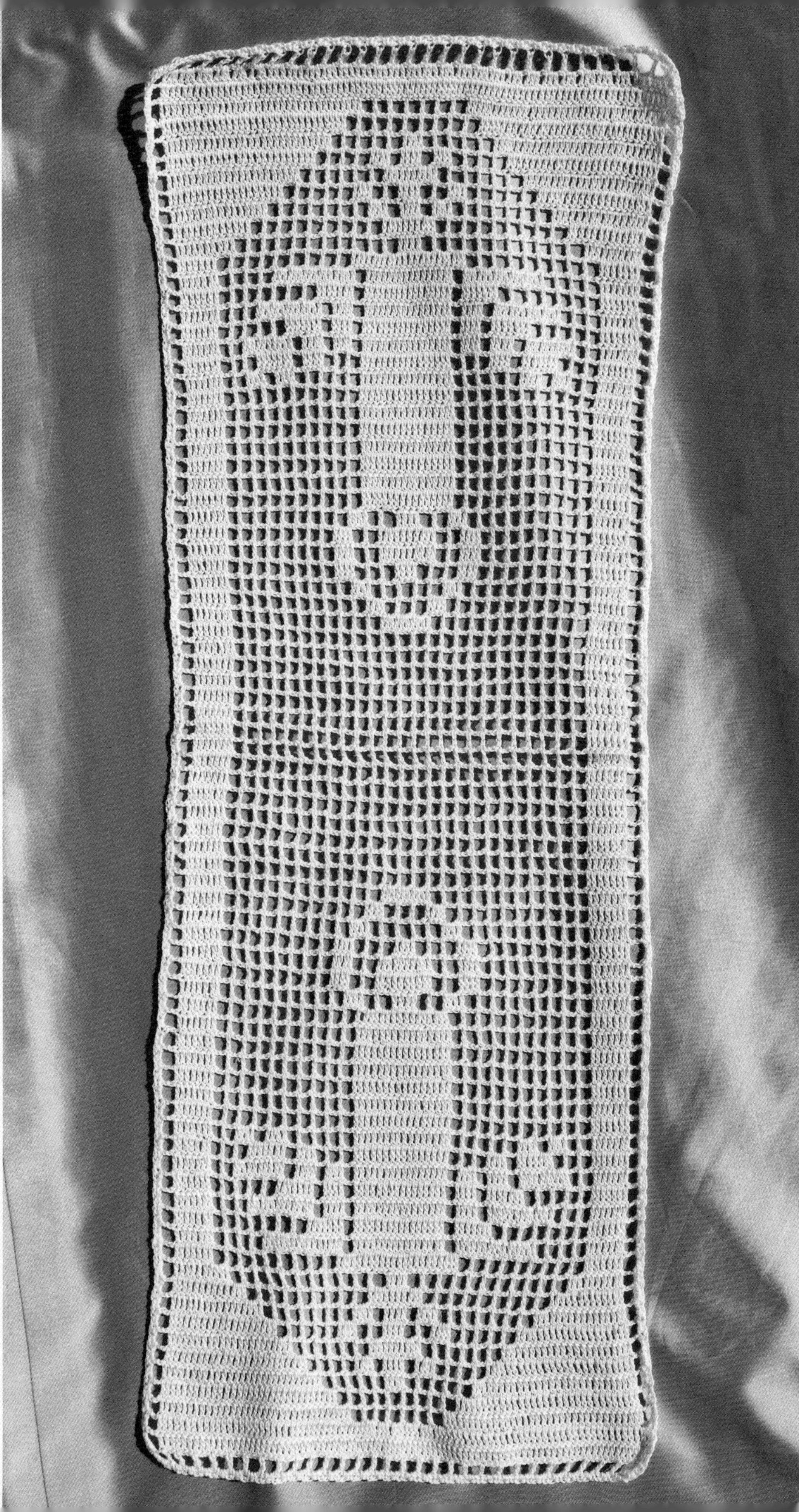

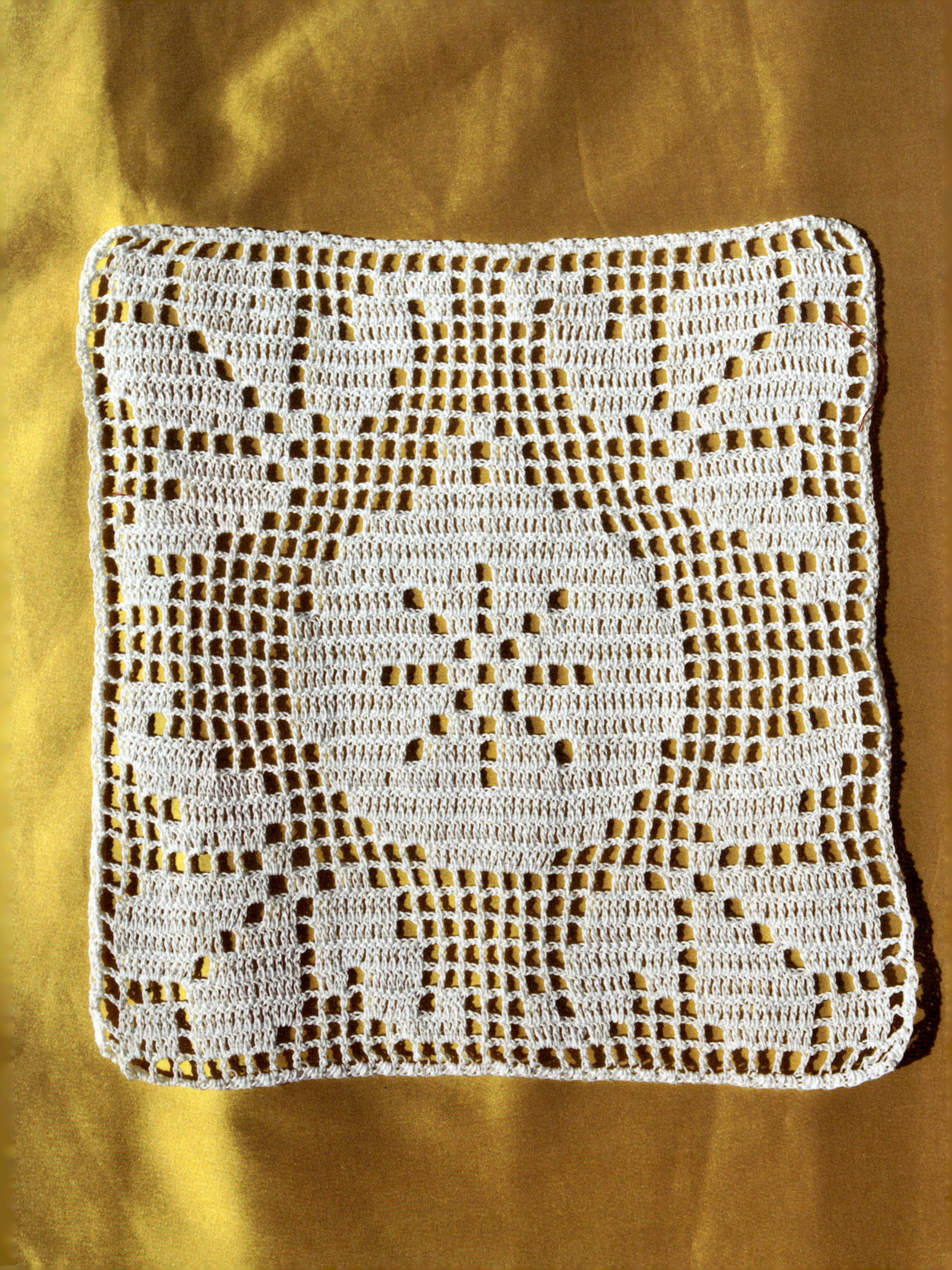

Deckchen »Kugel«

Diese Kugel braucht keinen Baum, um für frohe Mienen zu sorgen.

Material

40 Gramm Häkelgarn Stärke 10

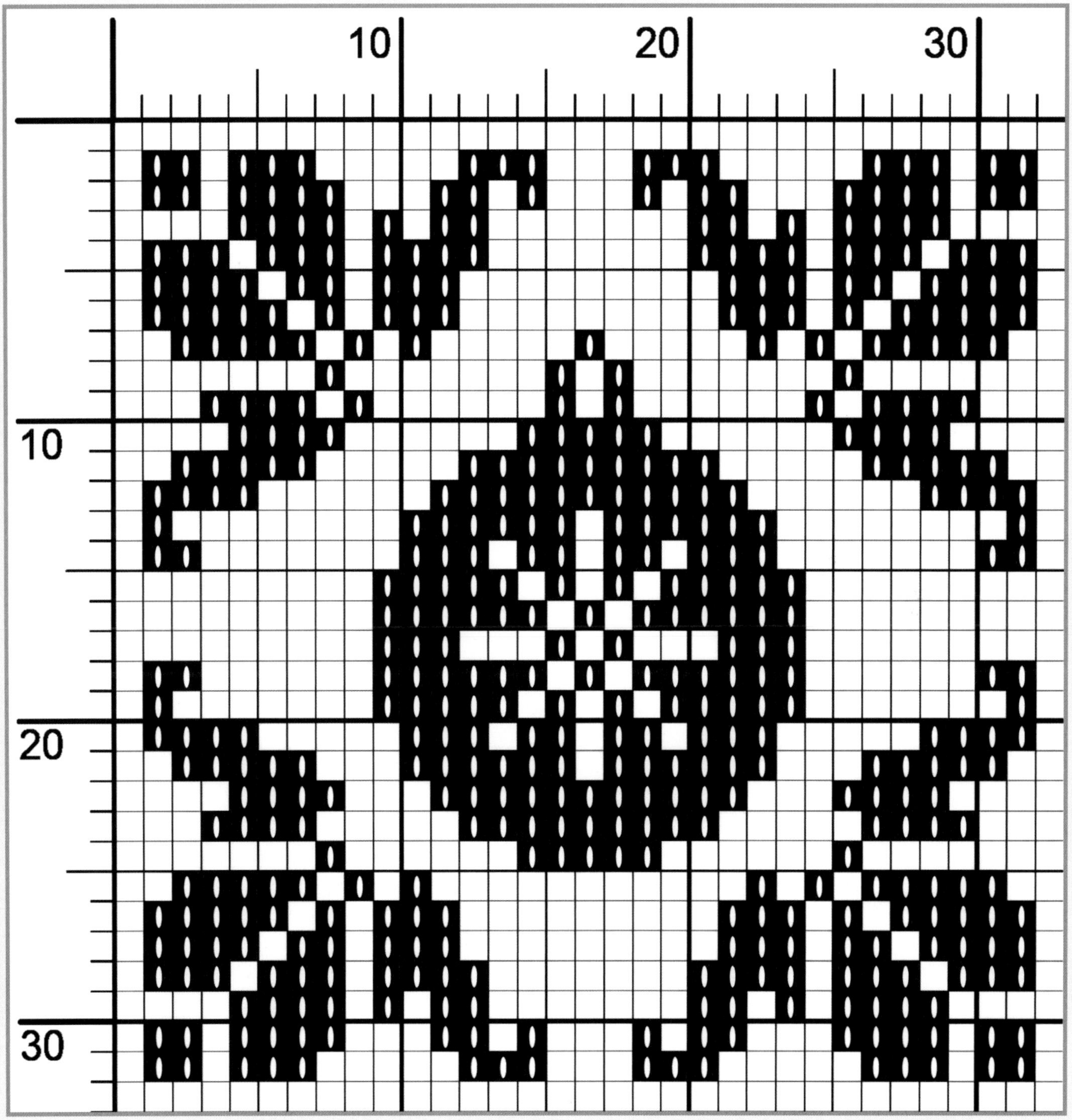

Gardine »Weihnachtsfreuden«

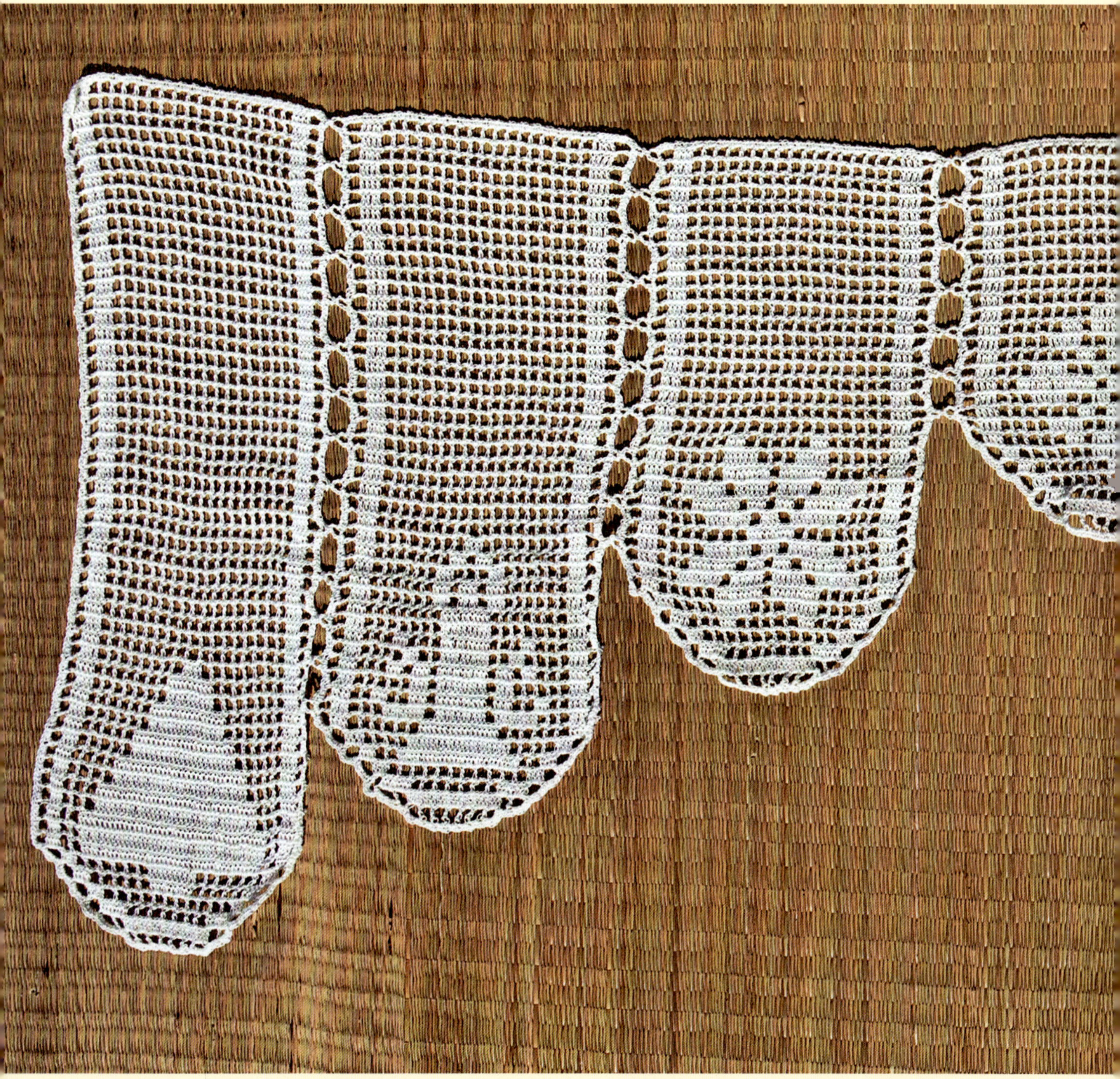

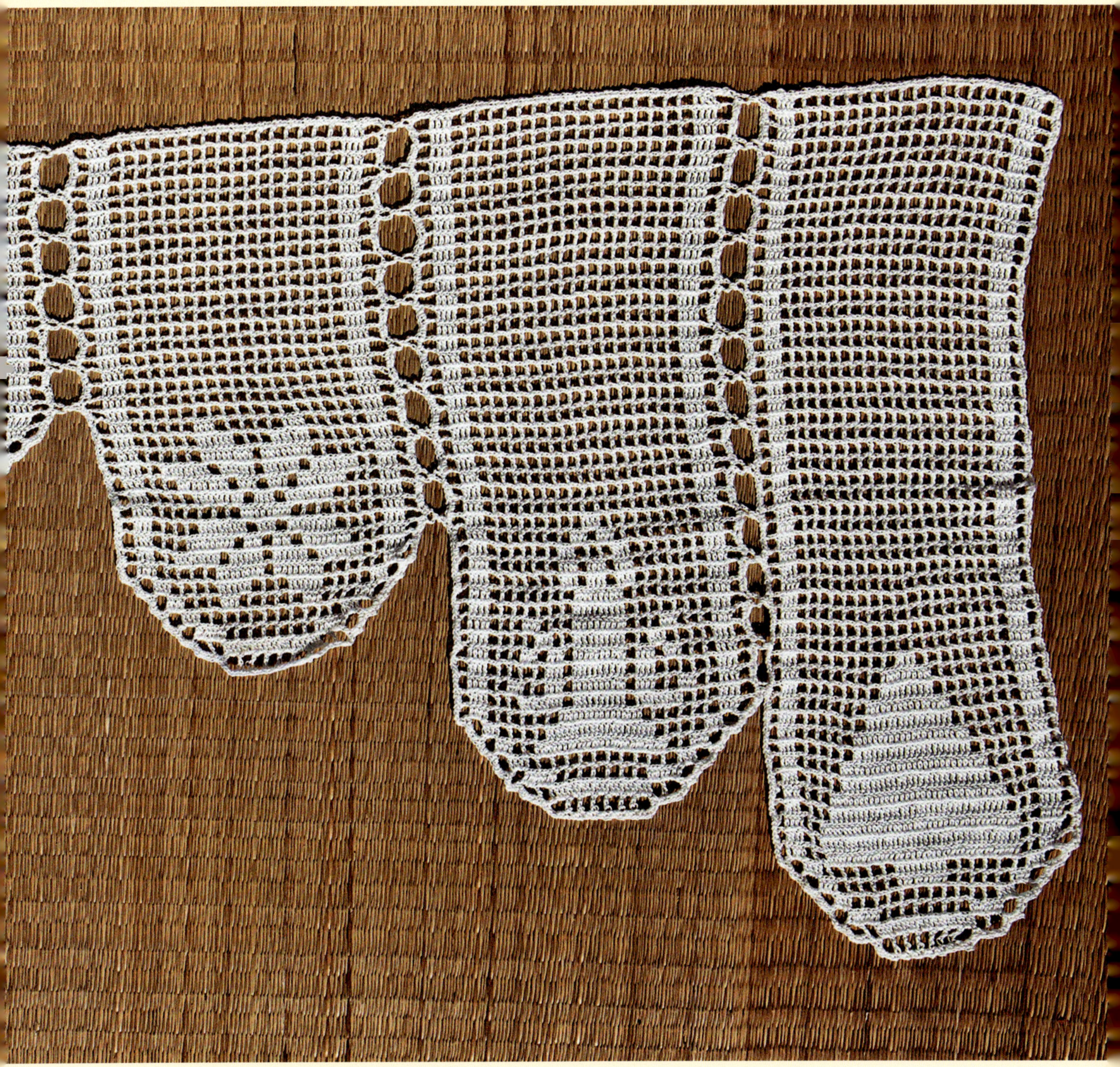

Beschreibung auf der folgenden Doppelseite

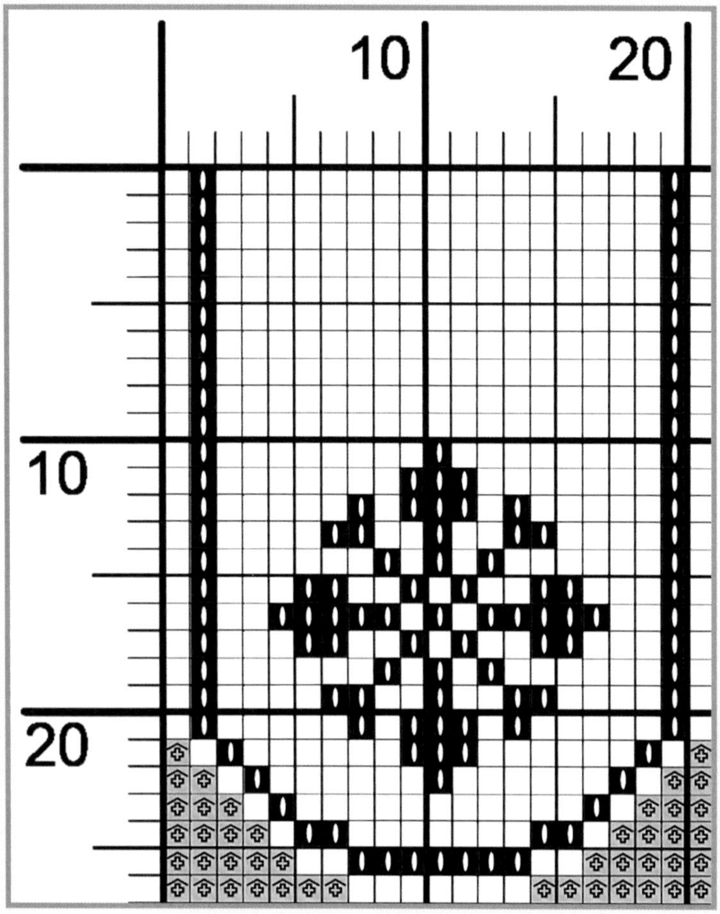

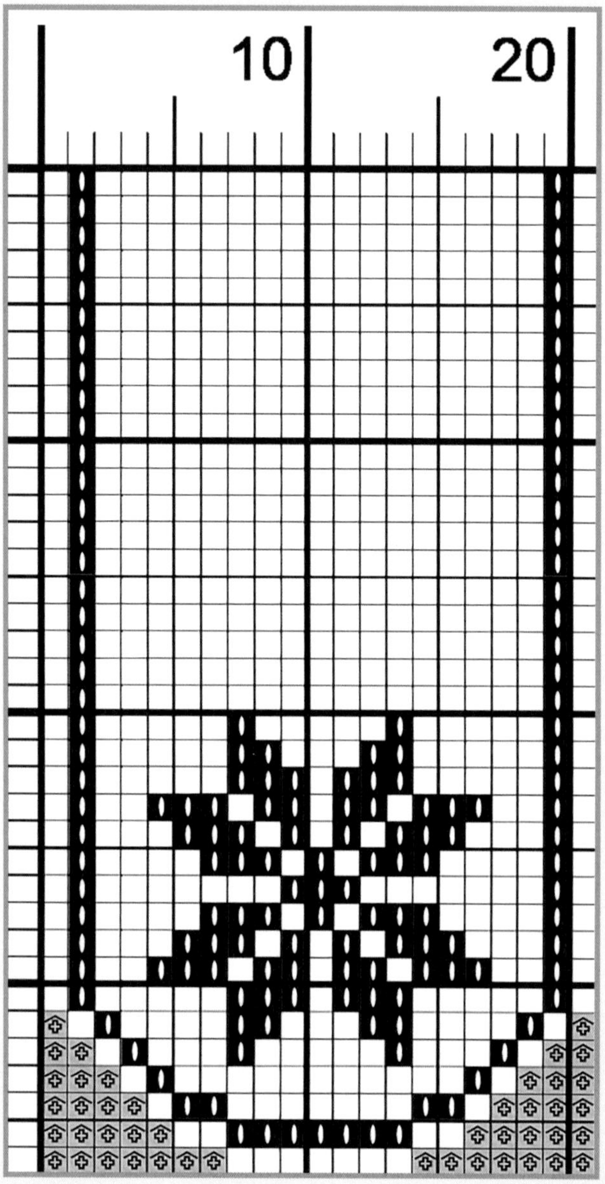

Alles, was zu Weihnachten das Herz erfreut, vereint diese Gardine: Bäumchen, Kerzen, Sterne und auch die für diese Tage so heftig ersehnte Schneeflocke!

Material

120 Gramm Häkelgarn Stärke 10

Anleitung

Die Streifen häkeln, beim Umhäkeln der Ränder etwa jedes dritte Kästchen verbinden.
Man startet mit dem kürzesten Teil – Längsseite, 1. Karo – 1 feste Masche, 5 Luftmaschen, 1 feste Masche, 1 Luftmasche, 2. und 3. Karo 2 feste Maschen, 1 Luftmasche, mehrere Verbindungsstellen schaffen;

2. Teil: System bleibt gleich, an den Verbindungsstellen jeweils 1 feste Masche – 2 Luftmaschen – 1 feste Masche um die 5 Luftmaschen am 1. Teil – 2 Luftmaschen, 1 feste Masche, 1 Luftmasche, wie gewohnt weiterarbeiten (die Anzahl der Verbindungsstellen nimmt mit der Länge der Streifen zu).

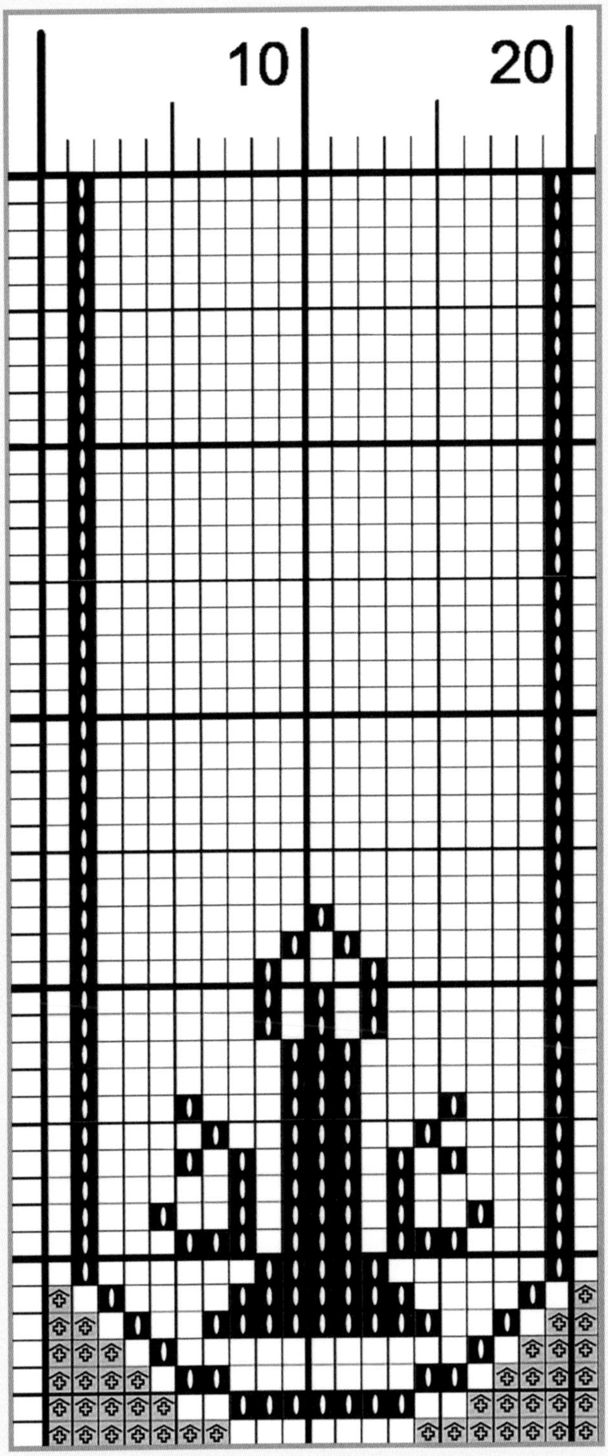

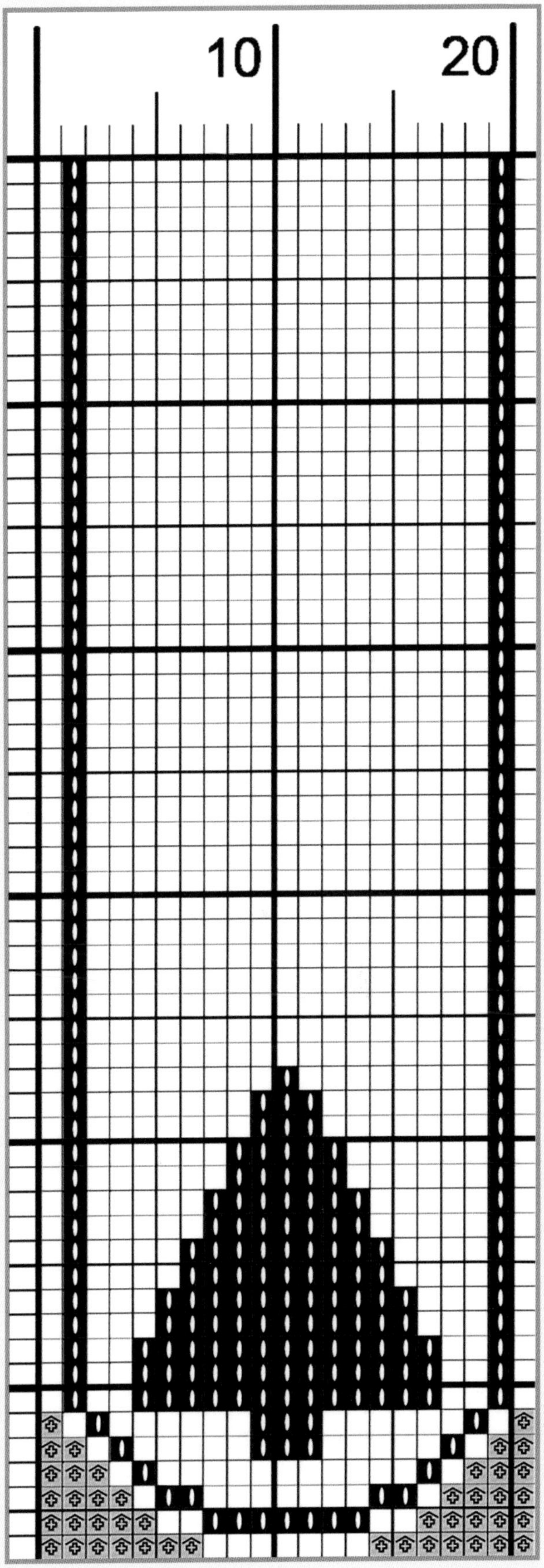

Die grauen Passagen kennzeichnen den Bereich außerhalb des Musters und werden nicht gearbeitet.

Stimmungsvolle Gardine

Diese ganz besondere Weihnachtsgardine zeigen wir hier in der »Minimalversion« mit fünf verschiedenen Mustern. Wenn Sie eine größere Breite haben wollen, wiederholen Sie die Muster einfach so oft, wie Sie wollen!

Material

130 Gramm Häkelgarn Stärke 10

Anleitung

Die Zeichnung besteht aus 3 Teilen. Um eine gewisse Größe zu erhalten, sinngemäß arbeiten.

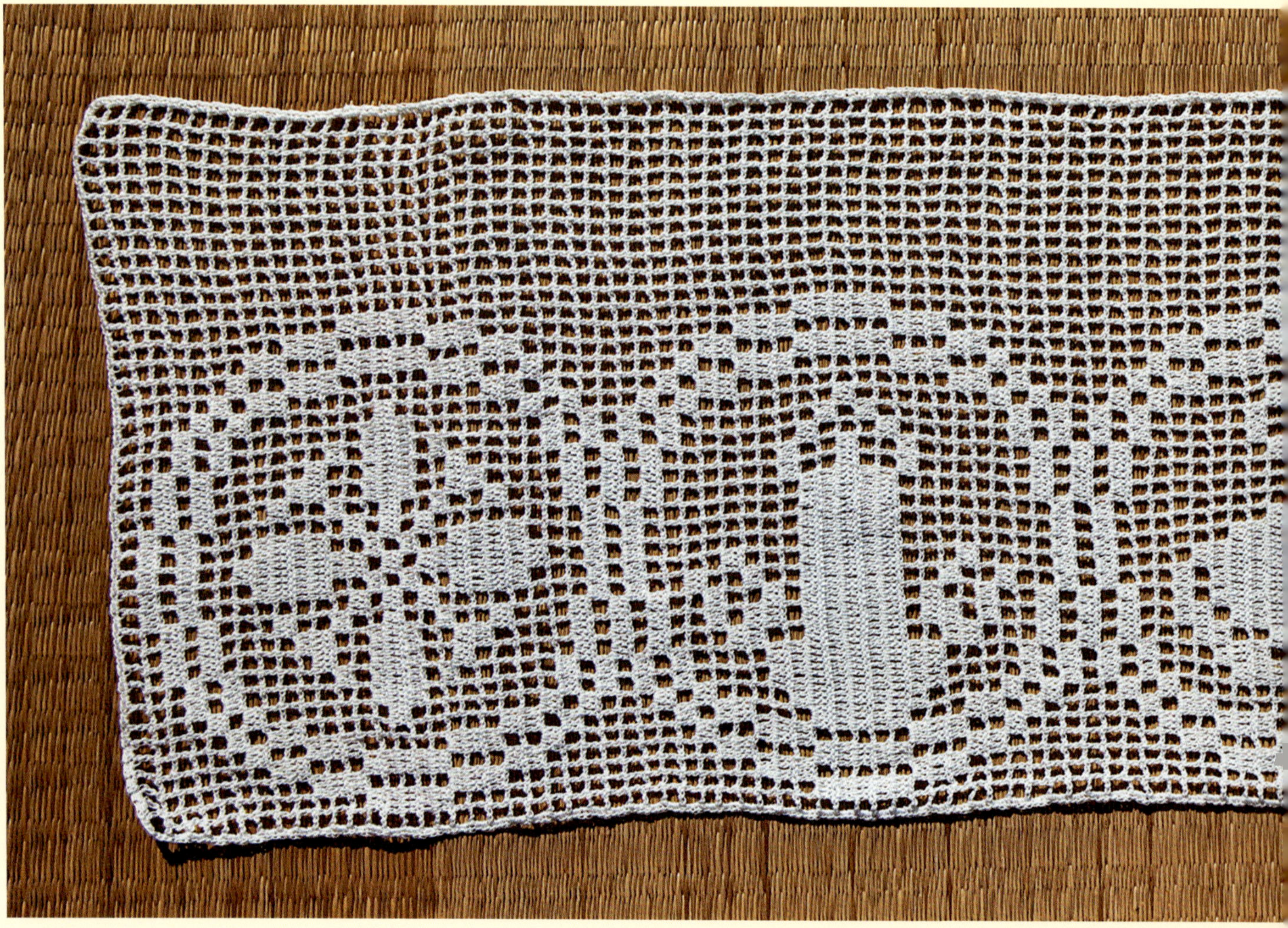

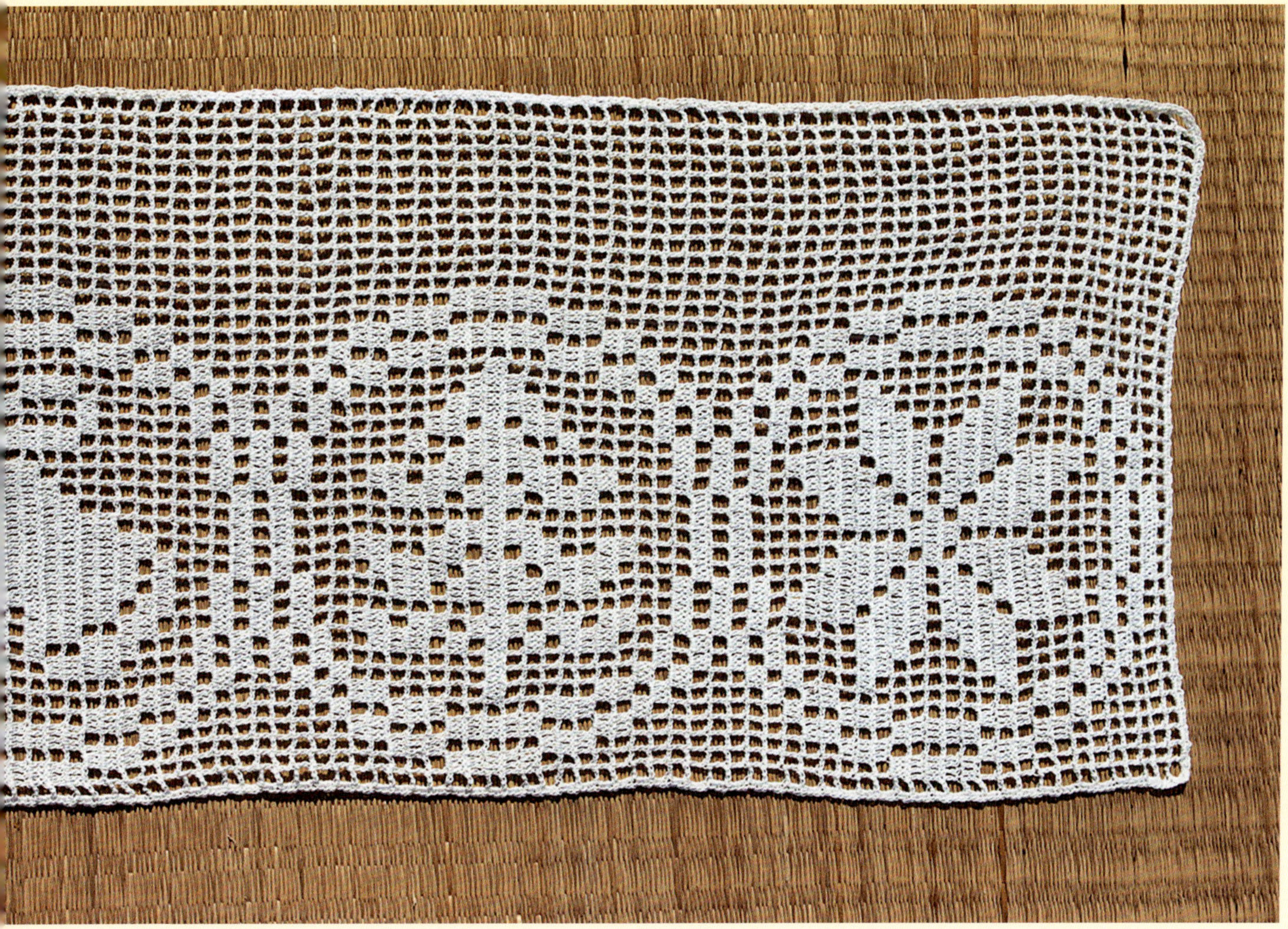

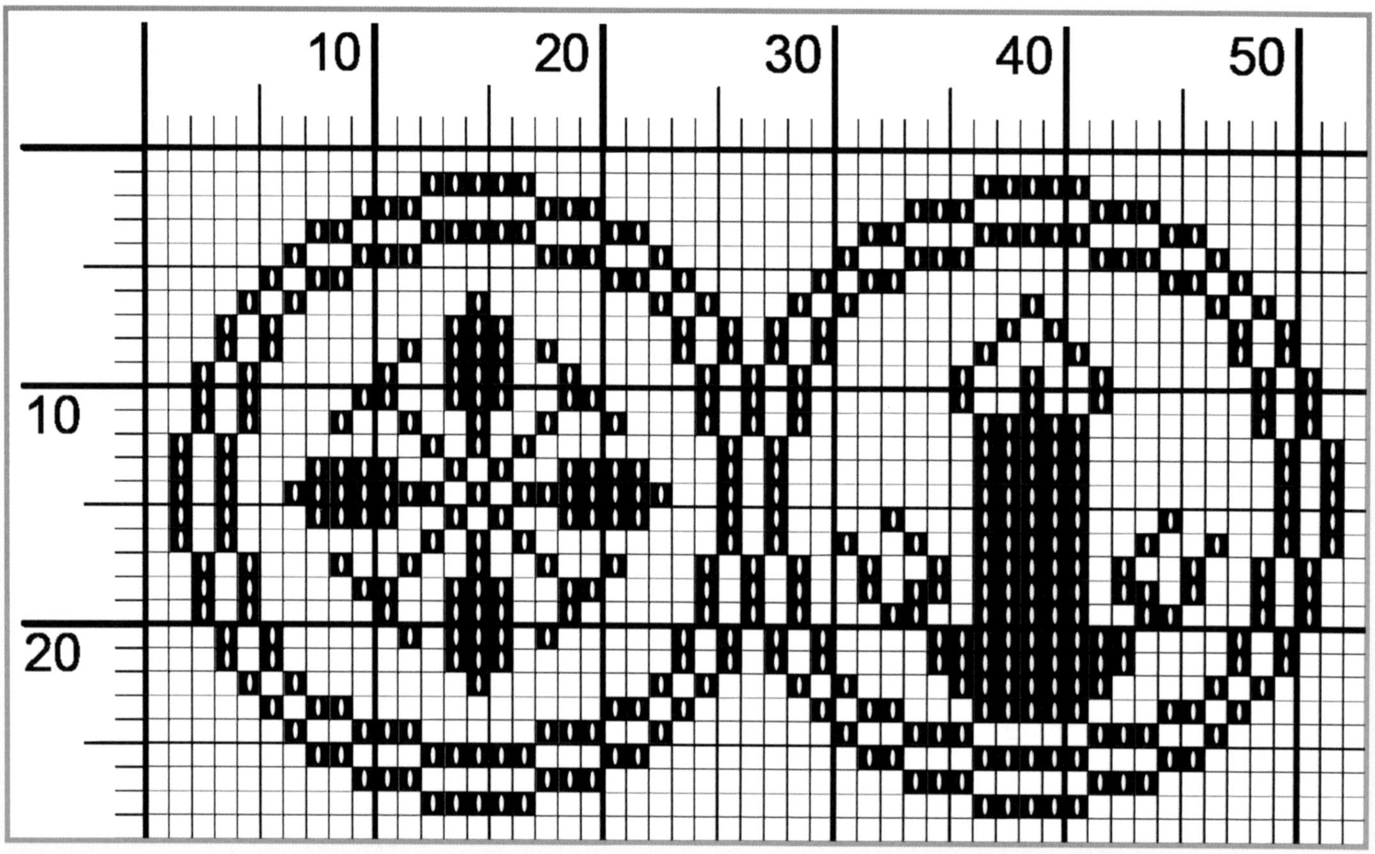
10
20
30
40
50
10
20

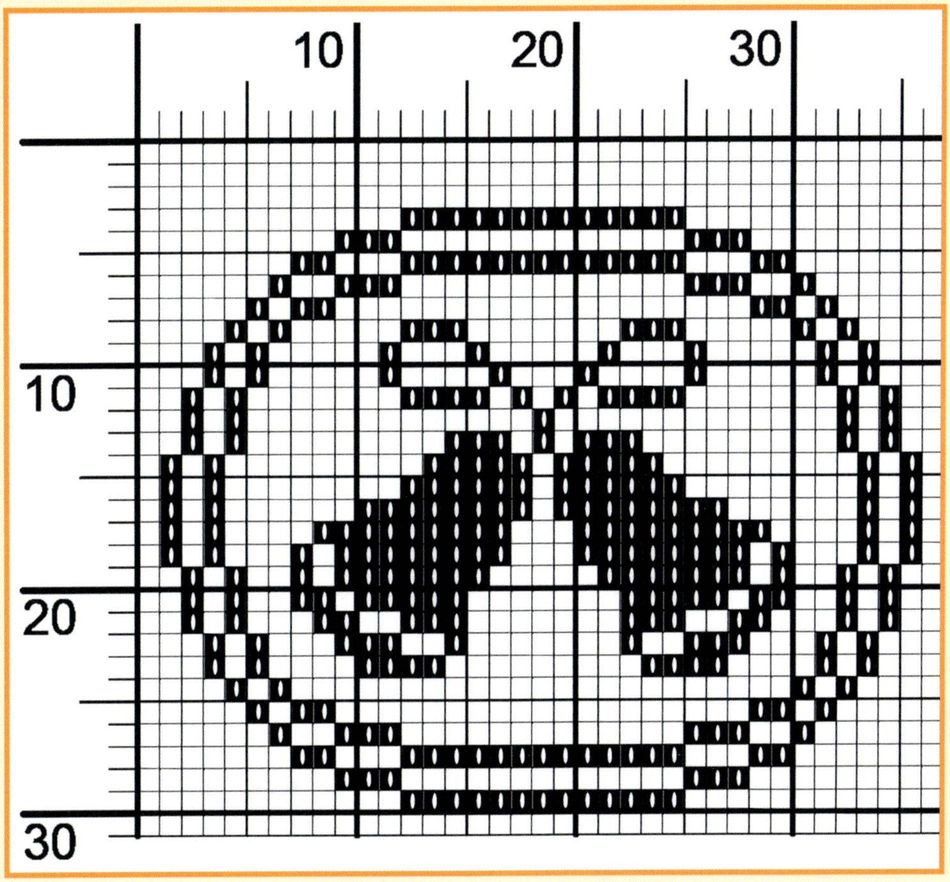

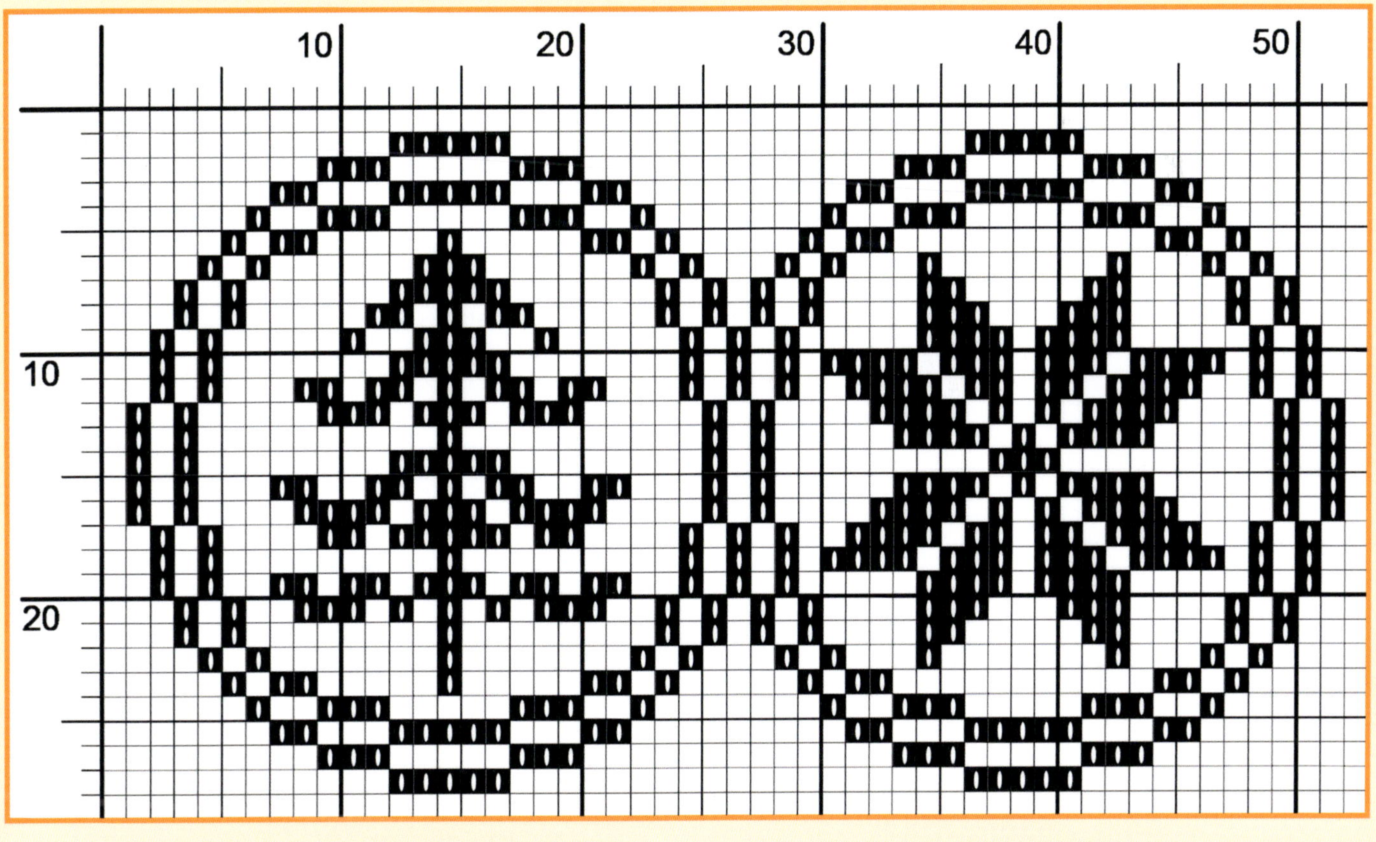

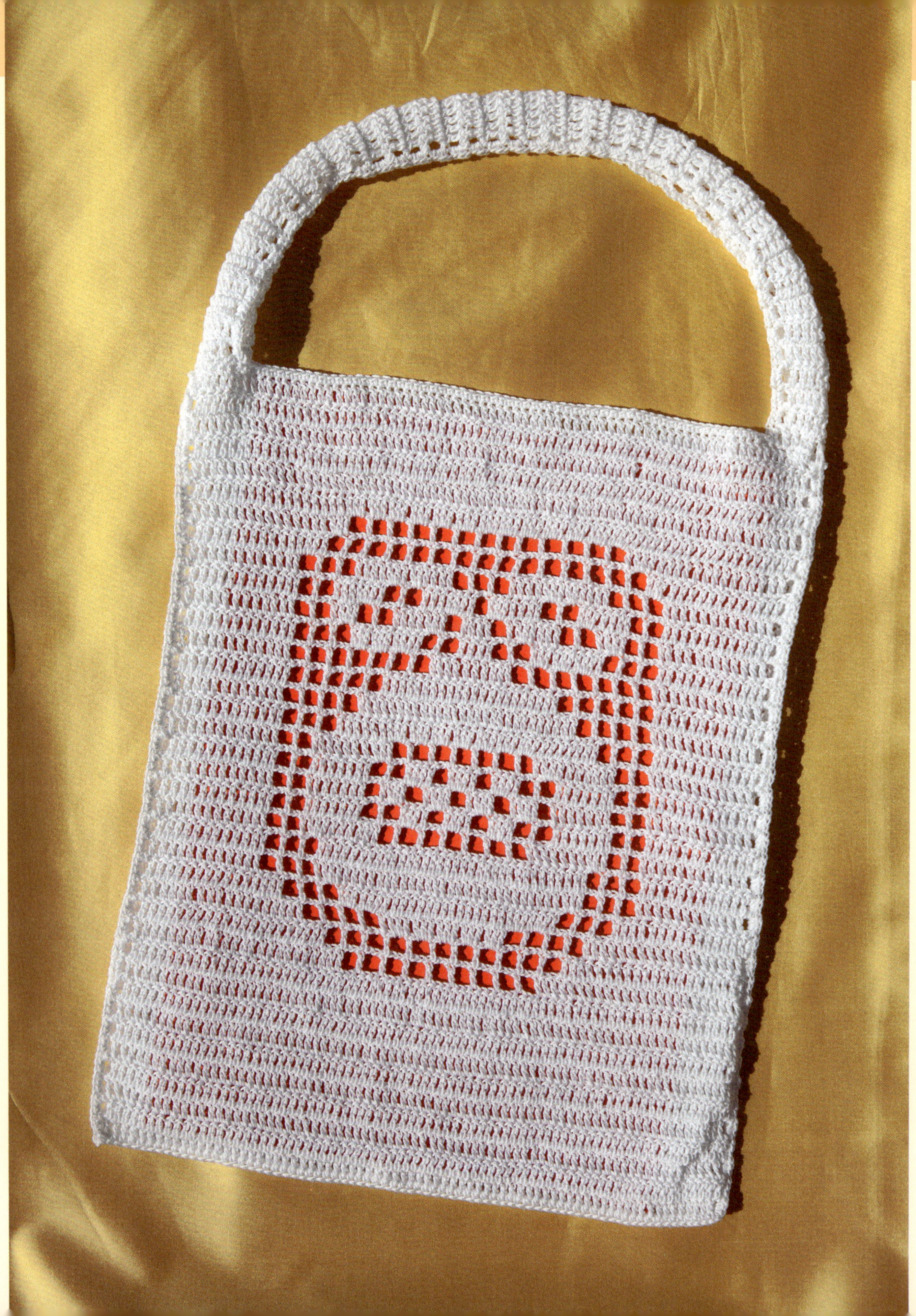

Geschenktasche

In dieser Tasche ließe sich eine liebevolle Weihnachtsgabe verstecken – aber eigentlich ist sie selbst schon ein wunderbares Geschenk!

Material

120 Gramm Häkelgarn Stärke 10

Anleitung

Vorderseite laut Zeichnung arbeiten, Rückseite nur aus Stäbchen. Teile mittels fester Maschen verbinden. Für den Henkel ein Band aus 12 Stäbchen arbeiten, Henkel annähen oder anhäkeln und mit festen Maschen umhäkeln.

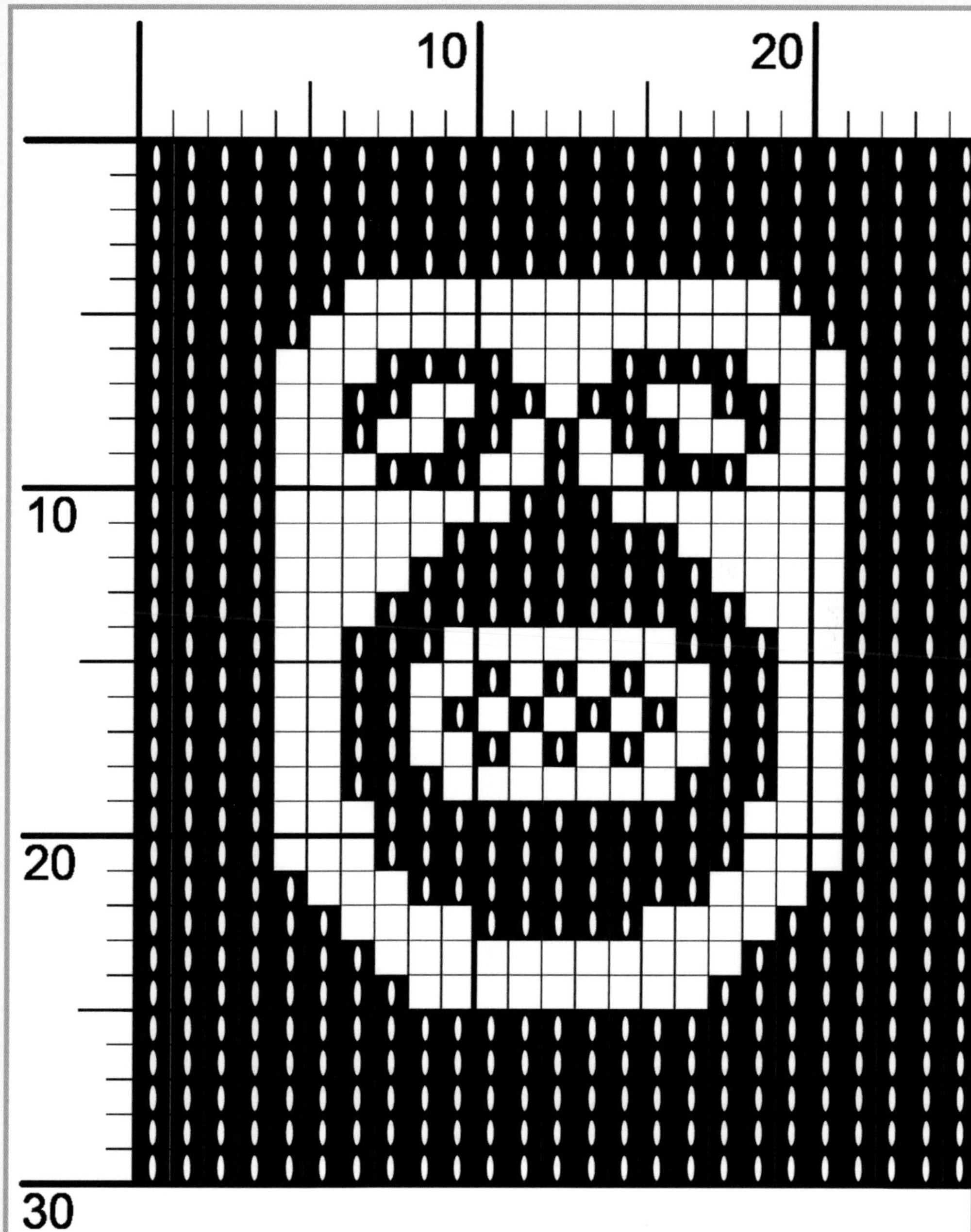

Baumschmuck

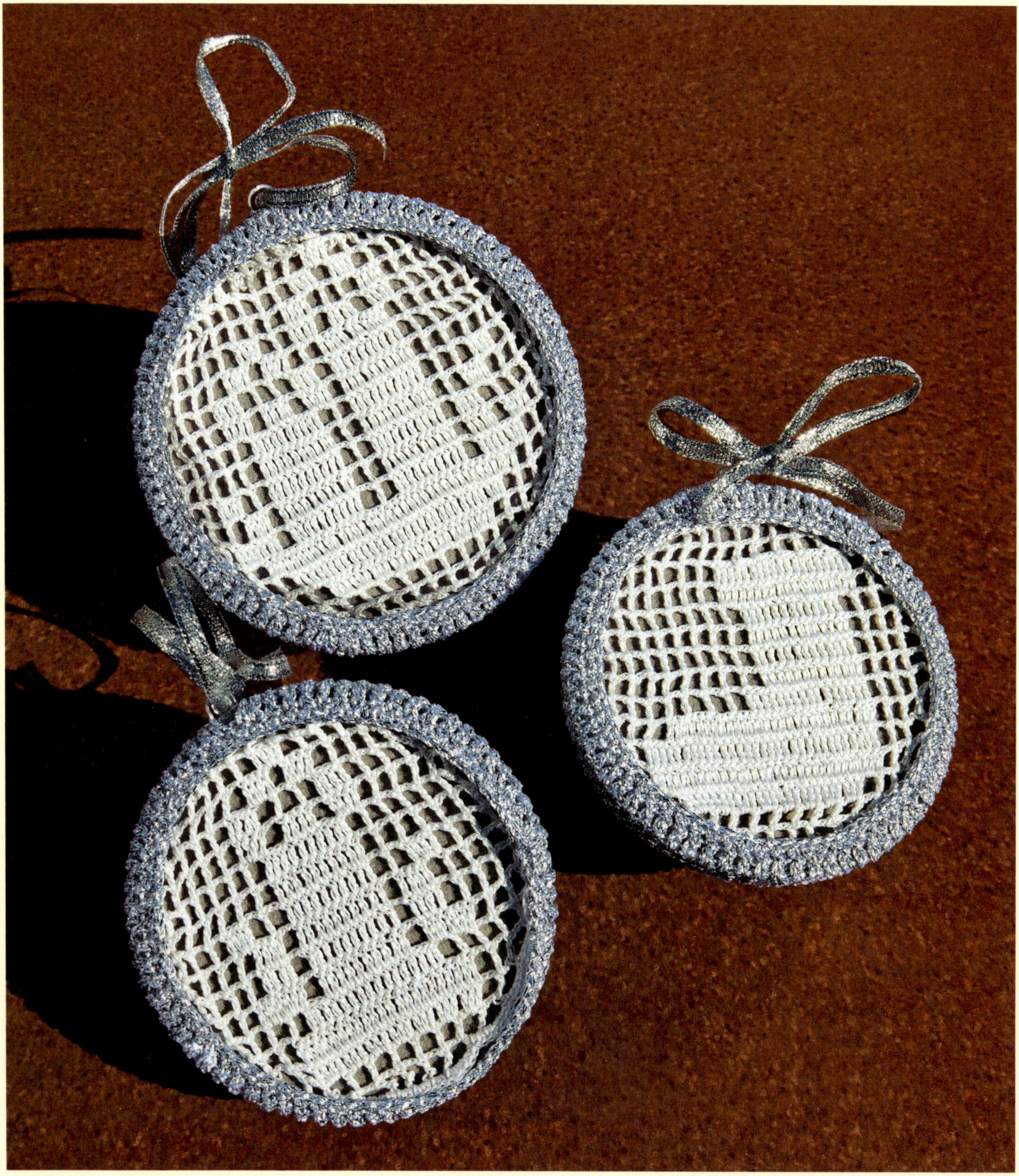

Material

Material Madeira Nora Silber, Lauflänge 100 Meter; je nach Größe der Kugel werden folgende Mengen benötigt:

8 cm: 15 Gramm pro Modell
10 cm: 15 Gramm pro Modell
12 cm: 20 Gramm pro Modell
14 cm: 25 Gramm pro Modell
16 cm: 30 Gramm pro Modell

Nadelstärke 2 (eher größere Nadelstärke verhindert das lästige Anstechen der Fäden); für das Muster auf der Vorderseite ca. 10 Gramm Häkelgarn Stärke 10.

Die jeweils benötigte Plastikkugel und eine Einlage-Scheibe in der passenden Größe, Platte mit Filz bekleben (keine flüssigen Klebstoffe verwenden).

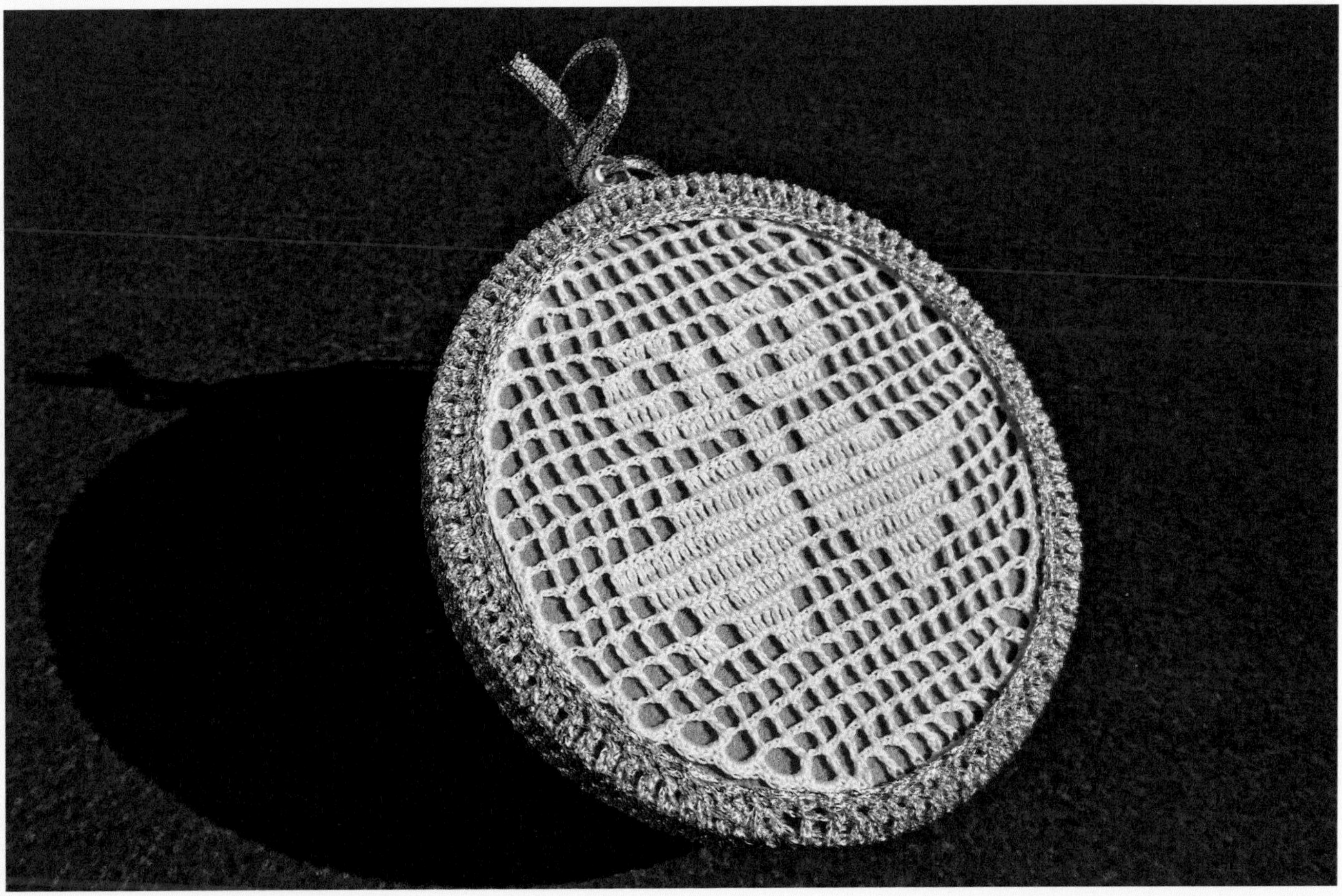

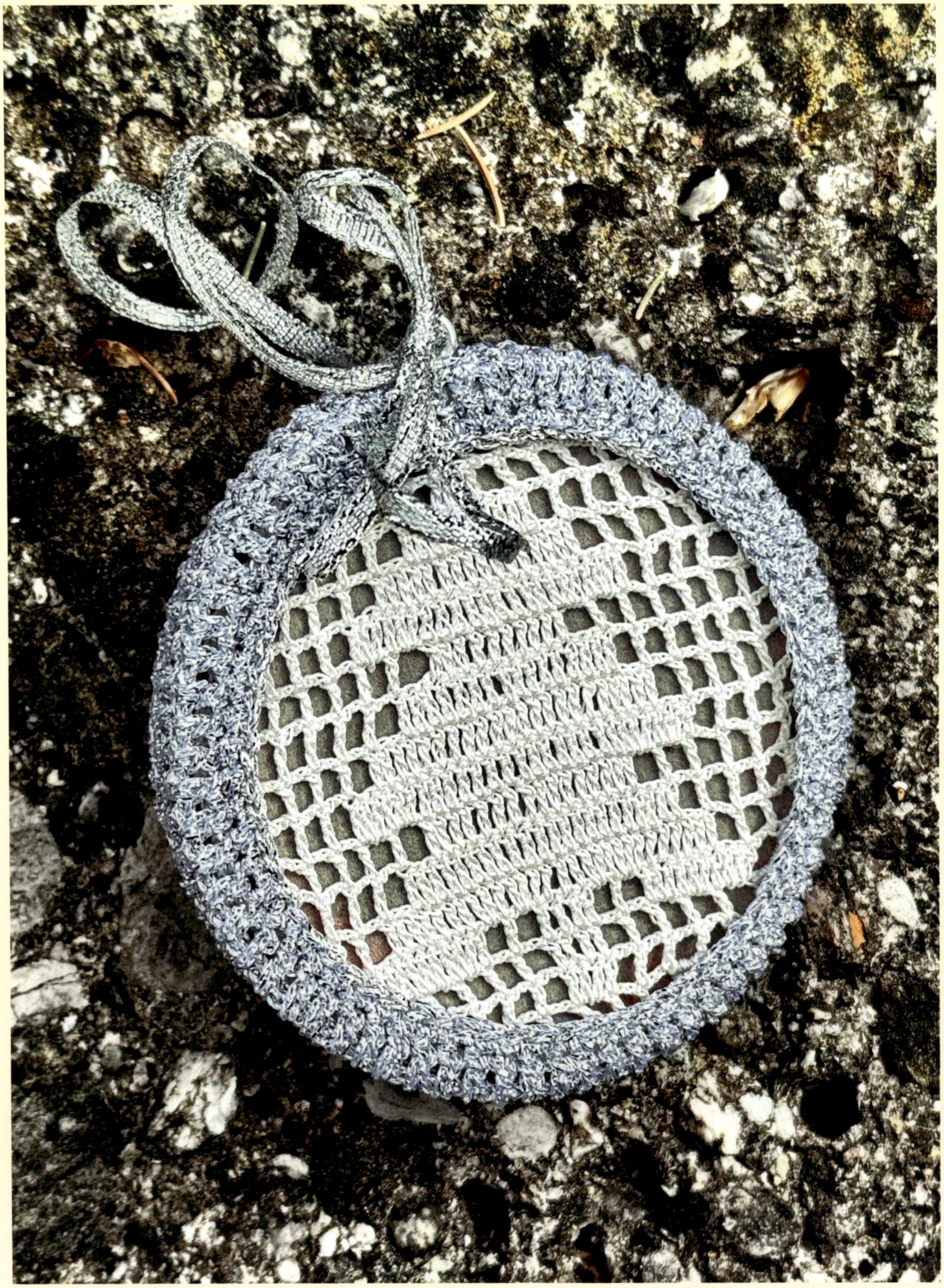

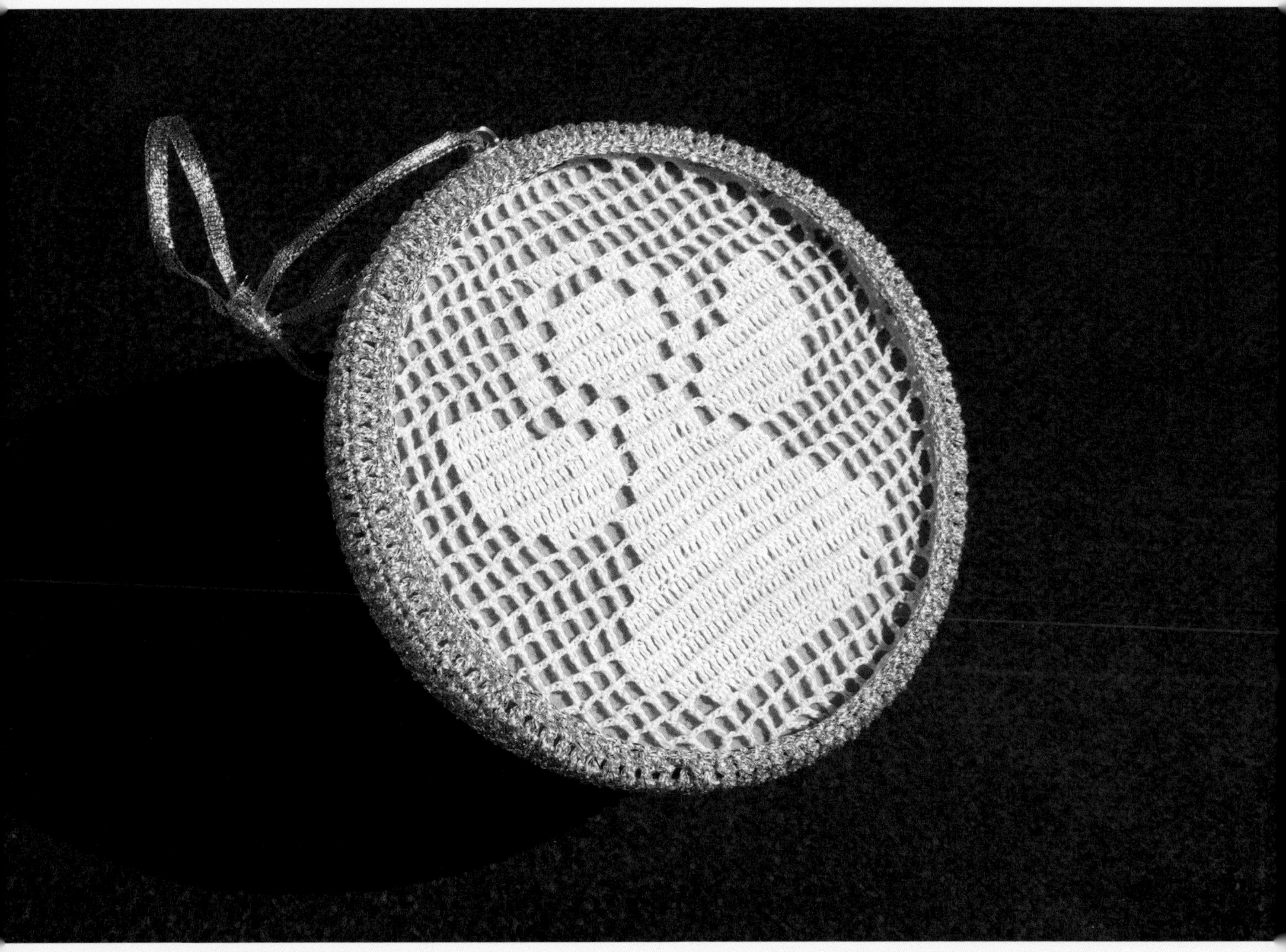

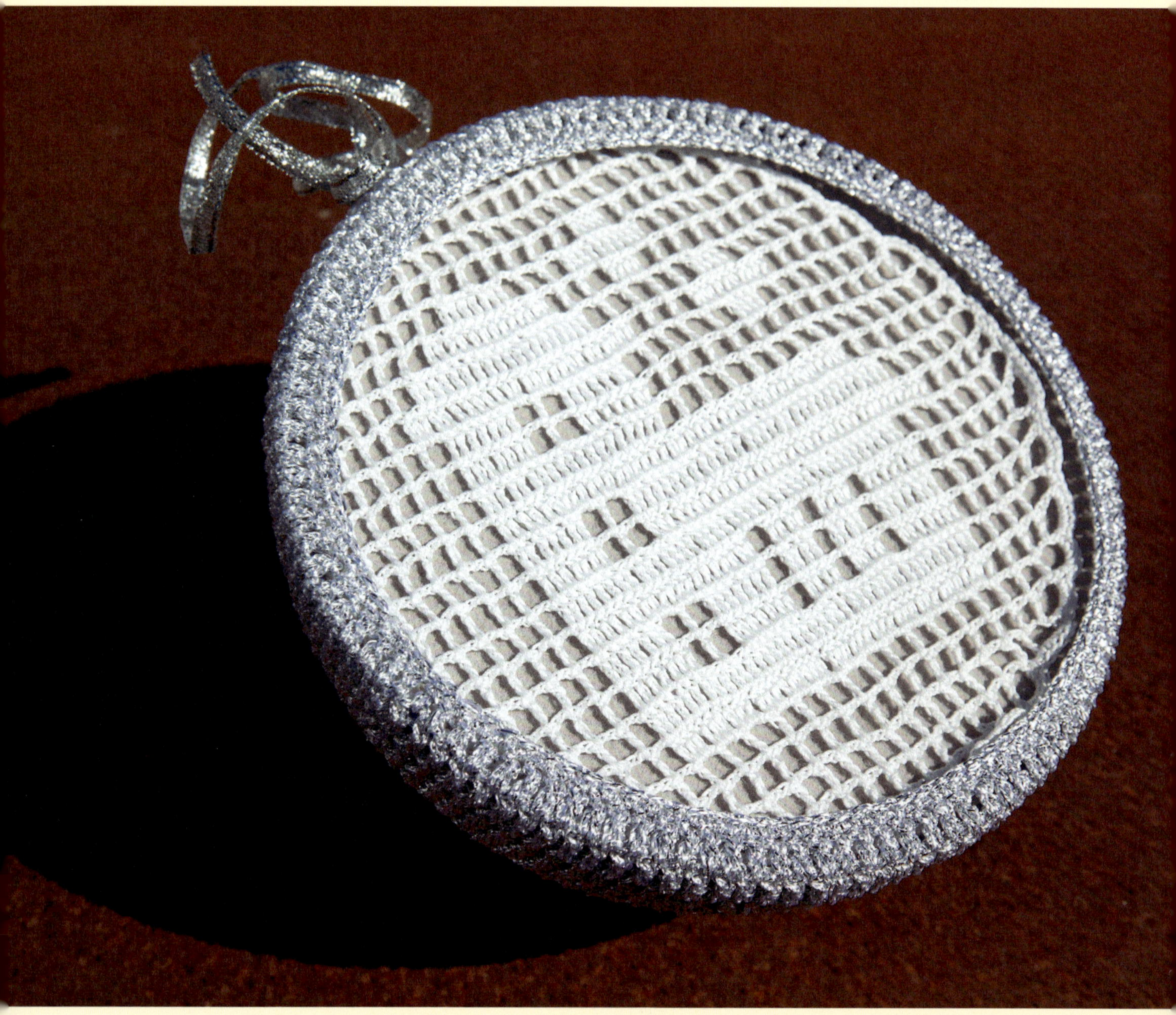

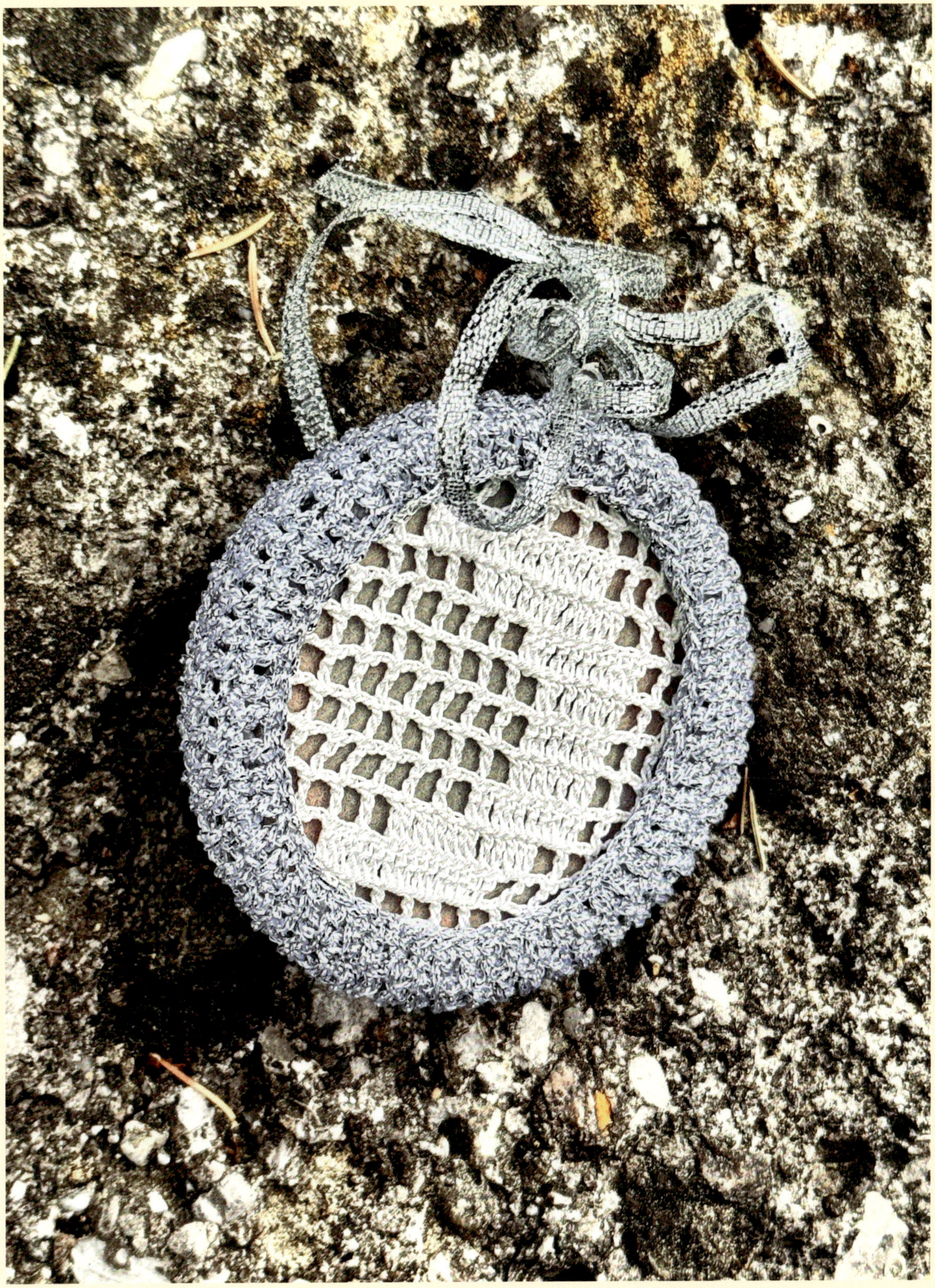

Rückseite des Baumschmucks

Anleitung

Die Blüte ist für alle Modelle gleich, die Weite und Höhe wird erst im Stäbchen-Teil gewonnen.

In der ersten Runde nach den allgemeinen Angaben:
7 Luftmaschen anschlagen, zum Ring schließen
In den Ring 8-mal – 2 Stäbchen, 2 Luftmaschen – Runde schließen
Um die Luftmaschen 3 Stäbchen, 4 Luftmaschen, 8 Mustersätze
Um jeden Luftmaschenbogen – 1 feste Masche, 1 Halbstäbchen, 1 Stäbchen, 1 Doppelstäbchen, 2 Luftmaschen, 1 Doppelstäbchen, 1 Stäbchen, 1 Halbstäbchen, 1 feste Masche
Um die zwei Luftmaschen der Vor-Reihe 2 feste Maschen, 7 Luftmaschen

Fortfahren je nach Größe der Plastikkugel:
8 cm: 5 Runden à 7 Stäbchen
10 cm: 9 Runden à 9 Stäbchen
12 cm: mit 9 Stächen starten, drei Runden arbeiten, in jedem Sektor zwei Stäbchen verdoppeln, 12 Runden arbeiten
14 cm: wie 12 cm, jedoch zwei Mal zwei Maschen zunehmen, 14 Runden arbeiten
16 cm: wie 12 cm, jedoch drei Mal zwei Maschen zunehmen, 16 Runden arbeiten

Zählmuster für die Vorderseite auf den folgenden Seiten

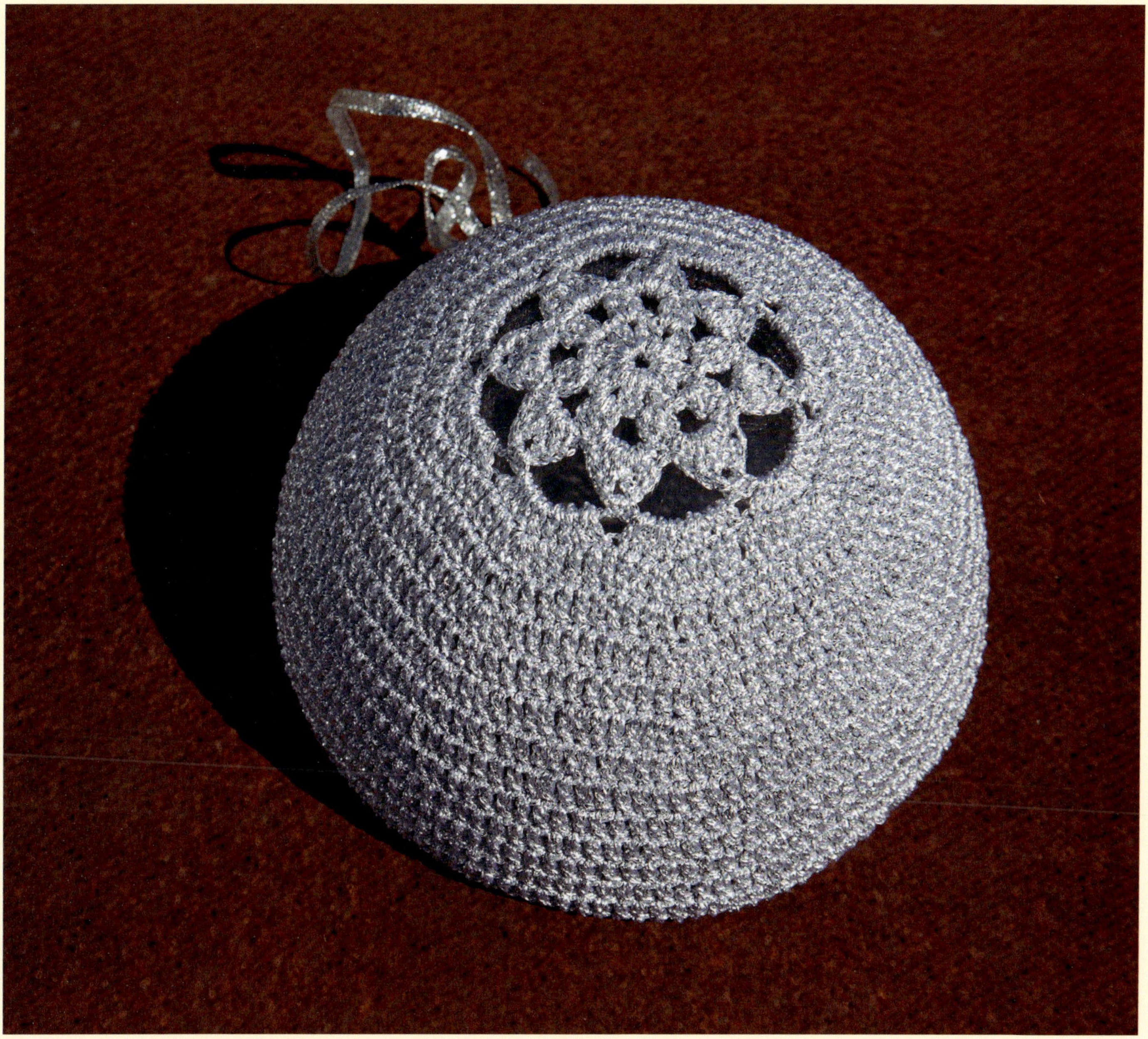

Kerzen

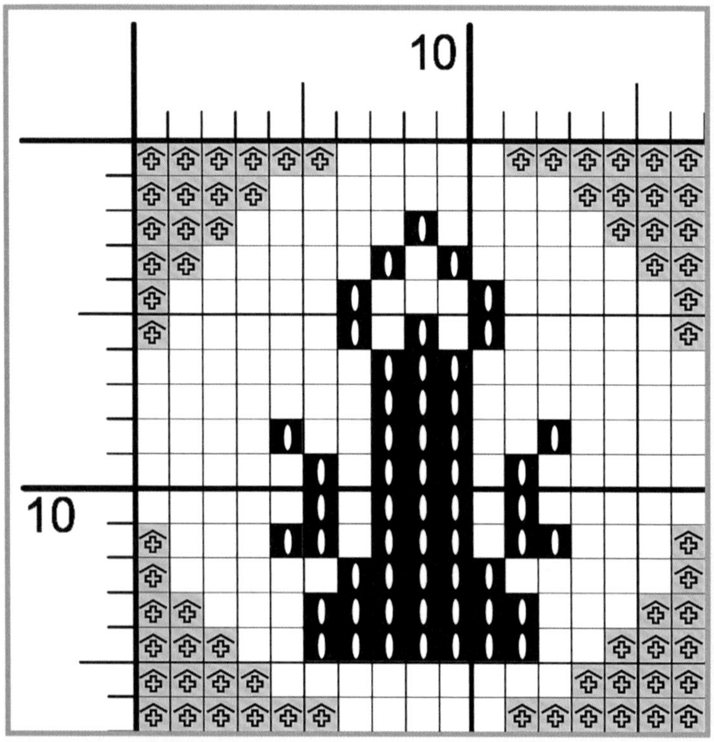

Die grauen Passagen kennzeichnen den Bereich außerhalb des Musters und werden nicht gearbeitet.

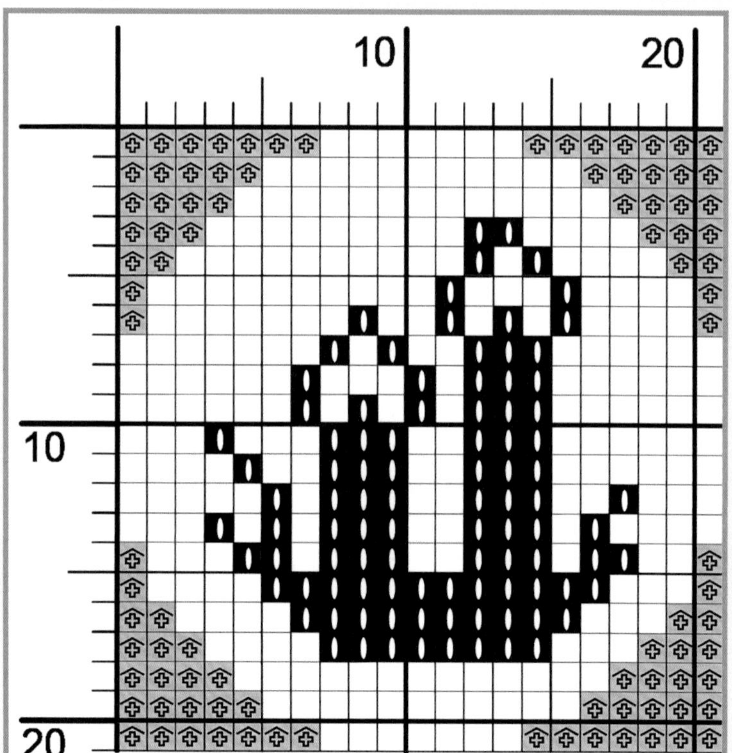

Stiefel und Glocken

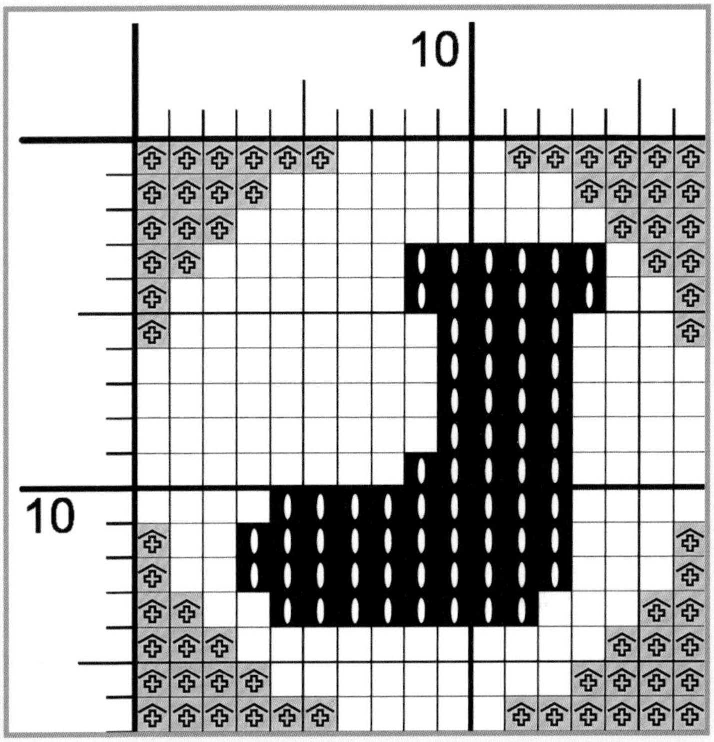

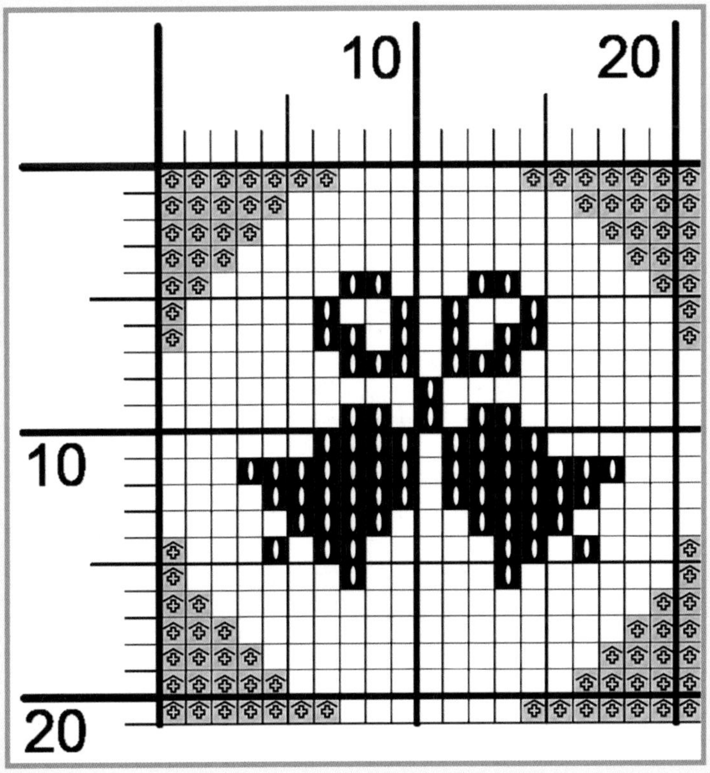

Engel

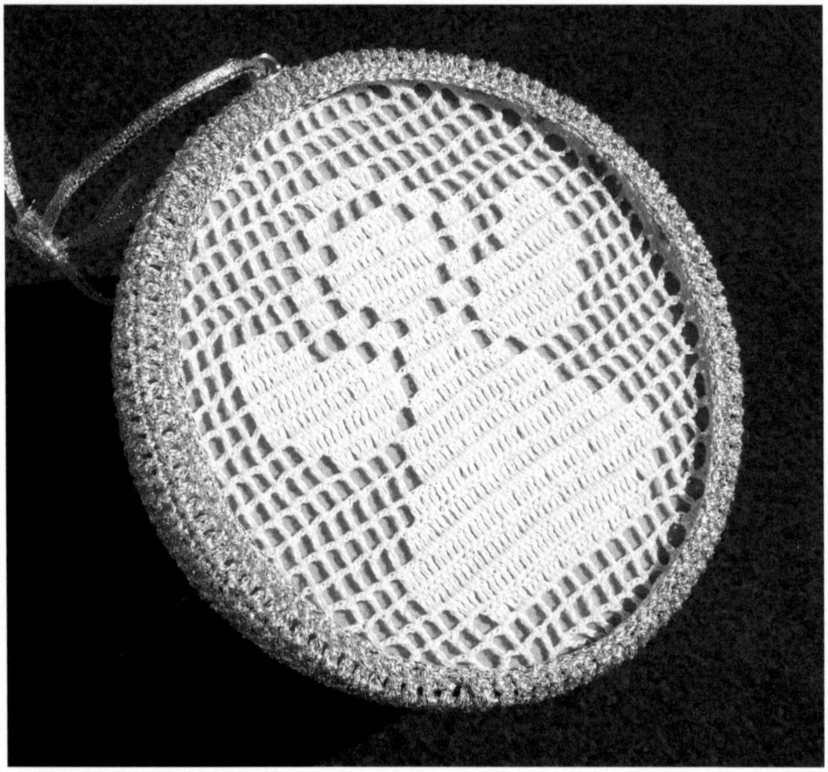

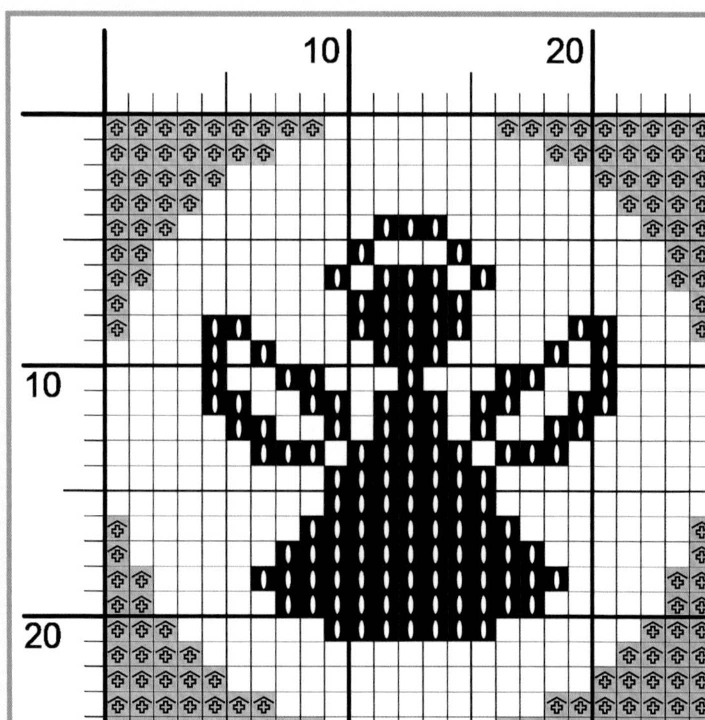

Tannenbaum

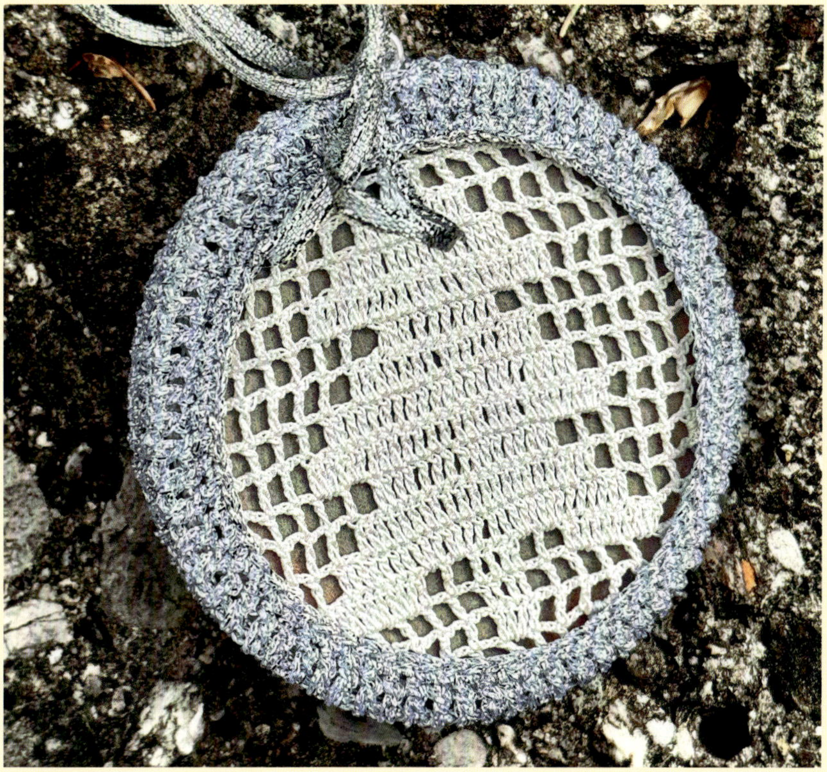

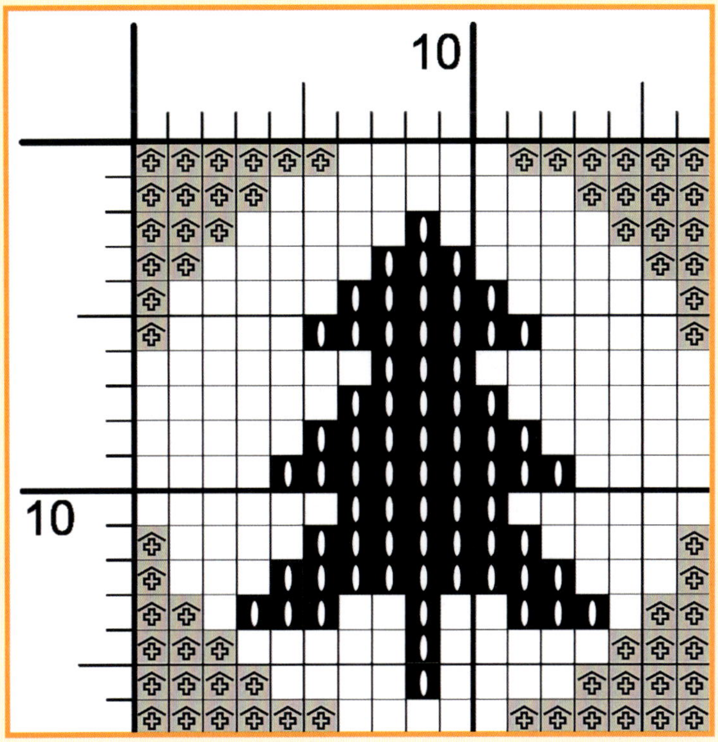

Kirche und Mond

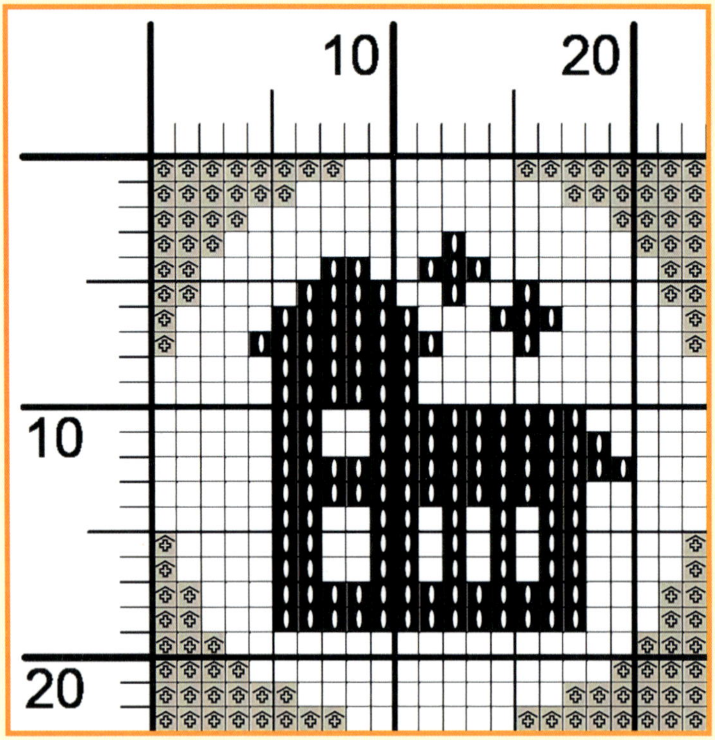

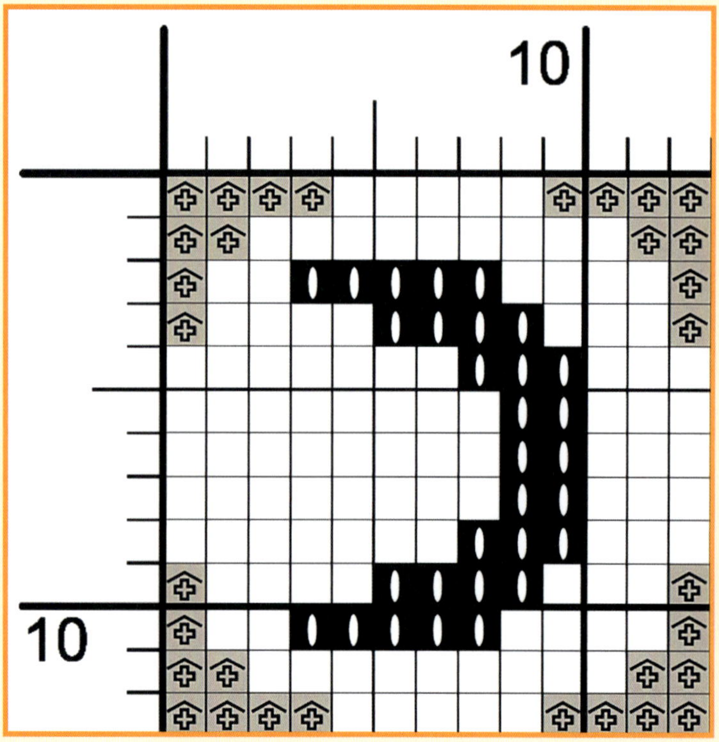

Weitere Handarbeitsbücher aus dem Rosenheimer Verlagshaus

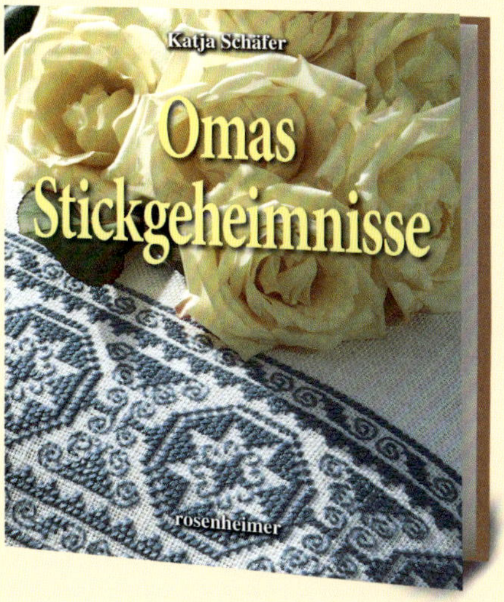

Omas Stickgeheimnisse
80 Seiten
ISBN 978-3-475-52901-6

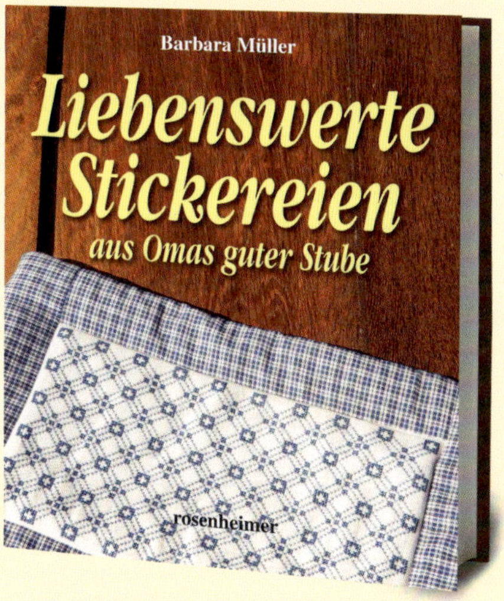

Liebenswerte Stickereien
128 Seiten
ISBN 978-3-475-54330-2

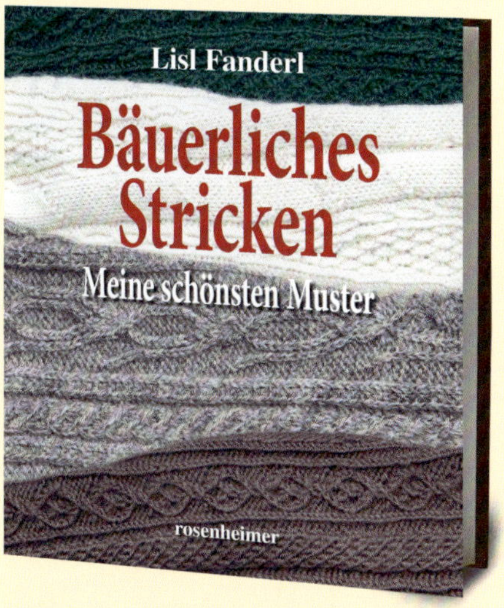

Bäuerliches Stricken
176 Seiten
ISBN 978-3-475-54986-1

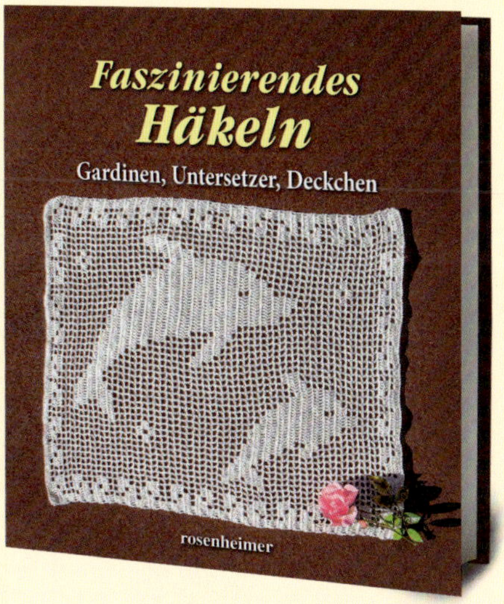

Faszinierendes Häkeln
64 Seiten
ISBN 978-3-475-54909-0

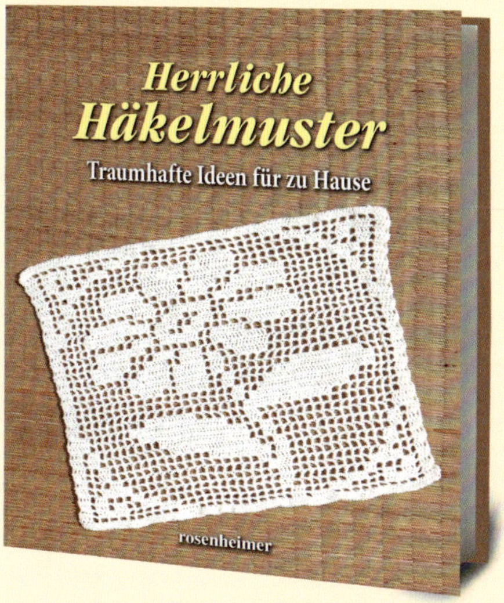

Herrliche Häkelmuster
64 Seiten
ISBN 978-3-475-55460-5

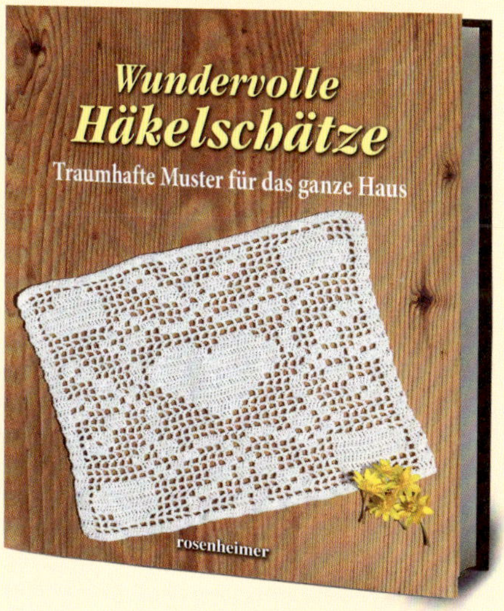

Wundervolle Häkelschätze
64 Seiten
ISBN 978-3-475-54870-3

Das gesamte Programm finden Sie unter www.rosenheimer.com

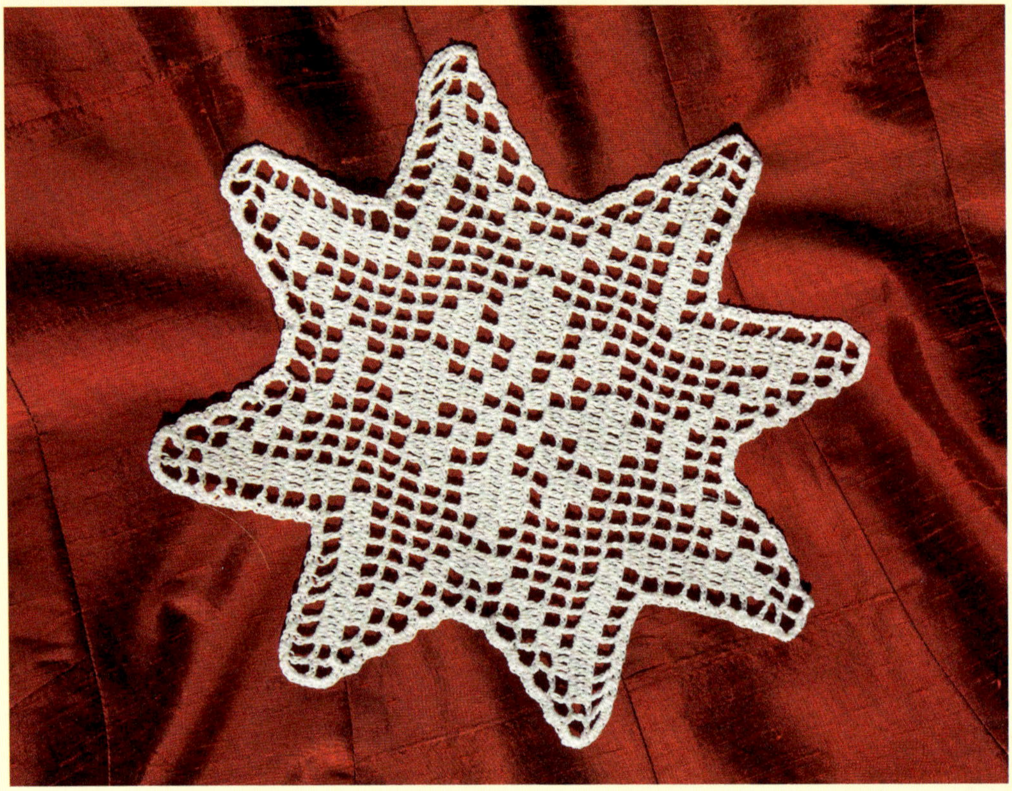

Die Fotos auf dem Umschlag und im Innenteil stammen von Klaus G. Förg, Rosenheim.

Satz: Carmen Oberlechner, Landshut
Bildbearbeitung: Dieter Stragenegg, Oberaudorf
Druck und Bindung: Neografia a.s.,Martin-Priekopa
Printed in Slovakia

ISBN 978-3-475-55020-1